고추장
담그는
아버지

한국사 속 두 사람 이야기

고추장 담그는 아버지

윤희진 글 · 이강훈 그림

책과함께어린이

평범한 관계 속 위대한 이야기

태영아,

사람은 언제나 누군가와 관계를 맺으며 살아. 너는 엄마·아빠의 아들이고, 할아버지께는 손자야. 그리고 선생님의 제자이고, 동윤이에게는 친구지. 엄마는 어떠냐고? 태영이의 엄마, 아빠의 아내, 할머니의 딸, 외삼촌에게는 누나, 학교 후배의 선배……. 이렇게 관계는 끝이 없어.

그럼, 역사 속 인물들은 어떤 관계 속에서 살아 갔을까? 지금의 우리와 많이 달랐을까? 임금과 신하의 관계처럼 지금은 경험하기 어려운 관계도 있지만, 가족과 친구의 관계는 크게 다르지 않아.

엄마는 한국사 속에서 열 쌍의 관계를 찾아보았어.

서로 꼭 닮았던 신사임당과 이율곡 모자, 뛰어난 업적을 남긴 아버지 박지원과 아버지가 더 빛날 수 있도록 한 아들 박종채, 험한 유배지에서도 편지로 정을 나누었던 정약용과 정약전 형제, 천부적인 글재주를 가졌지만 불행했던 허난설헌과 여동생의 재능을 세상에 알린 허봉·허균 남매, 병약하고 장난꾸러기였던 손자 이수봉과 그런 손자에게 때로 매서운 매를 들기도 한 할아버지 이문건, 우리 역사 속 가장 유명한 친구 관계인 오성과 한음…….

　엄마는 이 책을 쓰면서 우리 역사 속에서 가장 인상적이고 아름다운 관계들을 만났던 것 같아. 그리고 두 가지를 깨달았어. 사람은 누구나 자신을 알아주는 사람이 있을 때 가장 큰 기쁨을 느낀다는 것과, 아무리 위대한 사람이라도 평범한 관계 속에서 살아간다는 사실을 말이야.
　한 해 한 해 자라고 학년이 올라갈수록 네가 맺고 있는 관계의 그물은 더욱 넓어질 거야. 그 관계 속에서 즐겁기도 하지만 고민을 할 때도 생기겠지. 그럴 때 엄마가 쓴 이 책이 네게 작은 도움이 되길 바란다. 역사 속에는 새겨 둘 만한 값진 이야기들이 참 많거든.

2009년 10월 태영이의 엄마, 윤희진 씀

차례

고추장 담그는 아버지와 아버지를 기록한 아들	8	박지원과 박종채
서로의 사랑이자 친구였던 남편과 아내	22	유희춘과 송덕봉
아들의 스승이 된 어머니와 나라의 스승이 된 아들	36	신사임당과 이율곡
근엄한 할아버지와 눈에 넣어도 아프지 않을 손자	50	이문건과 이수봉
빛나는 재능으로 서로의 삶을 응원한 오누이	68	허난설헌과 허봉, 허균
외로움 속에서 평생 친구로 남은 형과 아우	82	정약용과 정약전
역사의 혼란 속, 늘 함께였던 친구	98	이항복과 이덕형
다른 결정도 존중할 수 있었던 선배와 후배	112	정몽주와 정도전
다른 자리에서도 같은 꿈을 꾼 스승과 제자	126	이익과 안정복
편견을 벗고 서로를 이해한 임금과 신하	142	세종과 장영실

책 속의 작은 인물 사전　156

고추장 담그는 **아버지**와 아버지를 기록한 **아들**

박지원과 박종채

오늘도 아빠는 늦으신다는구나.
아빠랑 배드민턴 치려 했다고? 일하느라 바쁘신 걸 어쩌겠니.
넌 늘 아빠랑 놀 시간이 부족하다고 투덜대지만
조선 시대만 해도 아버지는 놀이 동무가 아니라 존경의 대상이었단다.
배드민턴 대신 오늘은 엄마가
위대했던 아버지와 그런 아버지를 존경했던 아들에 대한
이야기를 해 줄게.

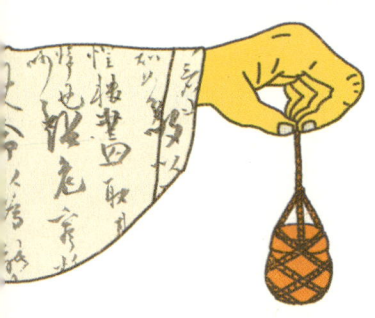

지금부터 2백5십여 년 전 조선 시대에 박지원이라는 사람이 있었어. 스무 살 무렵부터 이미 글솜씨로 유명했지.

신분이 낮은 부자가 돈을 주고 양반의 신분을 산 뒤 벌어지는 재미있는 이야기 《양반전》을 비롯해, 똥을 치워 나르는 사람에 대해 쓴 《예덕 선생전》, 또 거지 두목에 대해 쓴 《광문자전》 등 박지원의 글은 소재가 독특하고 이야기에 매력이 넘쳤어. 사실 이 이야기들은 박지원이 불면증으로 고생하다가 밤을 지새우려고 써내려 갔던 작품들이래. 시간이나 보낼 생각으로 쓴 이야기들이 널리 읽히며 유명한 작가가 된 거야.

박지원은 최고의 문장가였고 학문이 깊은 학자였지만 벼슬에 나아가지는 않았어. 그래서 명문가 집안이기는 해도 늘 가난했지.

그러다 마흔네 살이던 1780년, 《열하일기》를 써서 다시 한 번 세상을 떠들썩하게 만들어. 《열하일기》는 친척 형이자 영조 임금의 사위인 박명원이 청나라의 사신으로 북경에 갈 때 따라갔다가 쓴 여행기란다. 사람들이 실제로 말하는 것처럼 자유로운 문장을 쓰고 유머와 풍자가 있는 이야기라서 굉장히 재미있었지. 또 당시 사람들이 모두들 싫어하고 무시하던 청나라의 문화를 소개하고, 심지어 청나라의 앞선 기술을 받아들이자는 주장을 담고 있어서 무척 신선하게 느껴졌단다.

《열하일기》는 완성되기도 전에 그야말로 베스트셀러가 되었어. 그런데 나중에 박지원은 아들 박종채에게 이런 하소연을 했다는구나.

"청나라에 다녀온 후 보고 들은 것을 생각나는 대로 적어 두었다. 늙

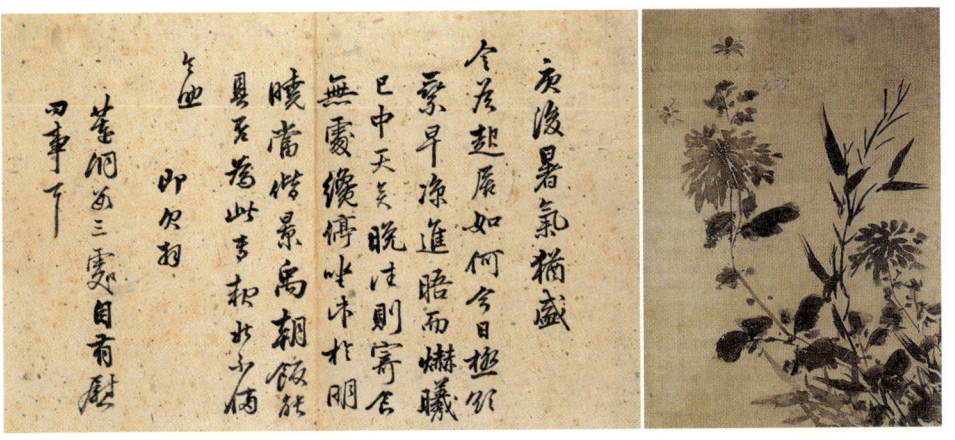

박지원의 글과 그림이야. 글은 박지원이 누군가에게 보낸 편지이고, 그림은 국화와 대나무를 그린 거야.

청나라: 명나라가 쇠약해진 틈을 타 만주족인 누르하치가 중국 땅에 세운 나라.

어 한가해지면 심심풀이 삼아 읽을까 해서였는데, 절반도 쓰기 전에 벌써 남들이 그걸 돌려가며 베껴 책이 세상에 나가 버렸구나. 난들 알았겠느냐? 이렇게 빨리 알려질 줄을……. 가슴을 치며 한탄했지만 도로 거두어들일 수도 없더구나."

《열하일기》에서 박지원이 처음 본 동물에 대해 쓴 대목이 있어. 읽어 보고 무슨 동물인지 맞혀 볼래?

박지원이 다녀온 청나라의 풍경이야. 상점과 상인들이 많고 다들 뭔가 분주해 보이지? 그림은 당시 청나라에서 가장 번화했던 '소주'라는 도시야.

아버지와 아들 🌰 박지원과 박종채

생김새는 소 몸뚱이에다 나귀의 꼬리이고, 낙타 무릎에다 범의 발굽이다. 짧은 털은 잿빛이고, 모습은 어진데다 소리는 서글프다. 귀는 구름장처럼 드리워졌고, 눈은 초승달 같다. 두 어금니의 크기는 열 치 가까이 되고, 길이는 한 길 남짓 된다. 코는 어금니보다 긴데, 자벌레처럼 구부러지고 펴진다. 굼벵이처럼 말아 붙이기도 하는데, 누에 꽁무니 같은 코끝을 이용해 족집게처럼 물건을 끼어서 두르르 말아 입에다 넣는다.

정답은 뭘까? 그래, 코끼리야. 처음 본 코끼리의 모습을 그림 그리듯 세세하게 표현하고 있지?

박지원에게는 아들이 둘, 딸이 둘 있었는데 큰아들은 자손을 얻지 못한 형님에게 양자로 보내고 둘째 아들이 대를 이었어. 이 둘째 아들

이 박종채야. 박종채는 박지원이 북경에 가던 해 태어났으니까, 사십대 중반에 얻은 귀한 아들이지.

금이야 옥이야 키웠을 법한 자식이지만, 아버지로서 박지원은 좀 엄격했던 것 같아. 하루는 처남이자 가장 친한 친구이기도 했던 이재성의 집에 갔는데, 이재성이 어린 자식과 같은 밥상에서 밥을 먹고 있었어. 그러자 박지원이 따끔하게 한마디 했지.

"군자는, 손자는 안아 주지만 자식은 안아 주지 않는 법일세."

그 말에 이재성은 식사를 중단하고 사과했다는 얘기가 전해. 당시 집안의 가장은 대개 밥상을 따로 받았거든. 사실 조선 시대 아버지들이 모두 다 그랬던 건 아닌데, 박지원은 원칙을 지키려 했던 사람이었던 거야.

박지원은 재주가 있는 사람을 추천하라는 정조 임금의 명령에 따라 오십 세가 넘어서 비로소 벼슬에 오르는데, 관직 생활을 하면서도 늘 엄격함을 지켰지.

1788년 말의 일이야. 관리들의 승진을 담당하는 사람이 와서는 박지원을 이번 승진 대상으로 보고하겠다고 미리 말해 주었어.

"날짜가 며칠 모자라기는 해도 관례상 이 정도는 괜찮지요."

임기가 엿새 남긴 했지만, 나이도 있고 이름도 있으니 그냥 승진시켜주겠다는 말이었어. 그러나 박지원은 단호했지.

군자: 학문과 덕행이 높은 사람.
관례: 전부터 해 오던 방법.

"내가 평소에 한 번도 구차한 짓을 한 적이 없다. 보고하지 마라."

결국 박지원은 임기를 채운 뒤 승진했고, 이를 안 사람들은 원칙을 지키는 그의 모습에 감탄했어.

그러고 몇 년 뒤 경상남도 작은 고을의 수령으로 발령이 났는데, 그곳에서도 규정을 매우 엄격하게 지키면서 백성들을 지혜롭게 다스려 정조에게 칭찬을 받기도 했어.

지방에서 근무하는 동안 박지원은 아들들에게 자주 편지를 보냈어.

"고추장을 작은 단지로 하나 보낸다. 사랑에 놓아두고 밥 먹을 때마다 먹으면 좋겠다. 이것은 내가 손수 담근 것인데, 아직 잘 익지는 않았다."

아이들 먹으라고 고추장을 직접 담가서 보내는 아버지는 요즘에도 드물 거야. 겉으로는 엄하게 대해도 자식들을 생각하는 아버지 박지원의 마음이 특별하구나.

또 다른 편지에서도 손수 만든 음식 이야기가 나와. 이번에는 소고기볶음이야.

"지난번에 보낸 **소고기볶음**은 잘 받아서 아침저녁 찬거리로 했느냐? 어

수령: 조선 시대에 각 고을을 맡아 다스리던 관리.
사랑: 아버지들이 살면서 손님을 맞이하던 곳. 여성들이 살림을 하며 살던 곳은 안채라고 한다.

째서 한 번도 좋다는 뜻을 보여 주지 않느냐? 답답하고 답답하구나. 나는 육포나 장조림 등의 반찬보다 나을 거라고 생각한다. 고추장도 내가 손수 만든 것이니, 맛이 어떤지 자세히 알려다오."

아버지가 직접 반찬을 해서 보내고 나서 맛은 어떤지 잘 먹고 있는지 알려달라고 채근을 하고 있네.

사실 박지원이 늦은 나이에 벼슬길에 나아간 것은 먹고살기가 어려웠기 때문이었을 거야. 하지만 작은 마을의 수령이라는 자리가 가정 형편에 크게 도움이 되지는 않았겠지. 불의와 타협하지 않는 박지원이 옳지 않은 방법으로 재물을 모으지도 않았을 거고 말이야. 그러다 보니 가족들에게 미안한 마음이 들어 이런저런 반찬을 해 보냈던 거지.

그렇게 멀리 떨어져 있는 동안 형님 댁에 양자로 보낸 큰아들 박종의가 첫아들을 얻었어. 박지원으로서는 예순이 넘어 첫 손자를 얻은 것이지. 아들들에게는 좀 엄격한 면이 있었을지 몰라도 손자에 대한 애정은 감추지 않고 드러낸 편지가 있는데, 한번 볼래?

"초사흘에 관가의 하인이 돌아오면서 기쁜 소식을 가져왔다구나. 응애 응애 하는 소리가 종이 위에 가득하다. 인간의 즐거움 가운데 이것보다 더한 것은 없을 게다."

그런 뒤 아들이 손자에 대한 내용을 두 번이나 편지에 써 보냈는데도 할아버지는 아쉬웠어.

"네 첫 번째 편지에는 아이가 태어났는데 눈매가 밝고 수려하다고 하고, 두 번째 편지에서는 점점 충실해져서 사람 꼴을 제법 갖추었다고 했더구나. 둘째 종채의 편지에도 뼈대가 비범하다고 했다. 그런데 도대체 이마는 넓고 솟았으며 정수리는 평평하고 둥근지, 어째서 하나하나 적어 보이지 않는 게냐? 답답하구나."

손자를 몹시 보고 싶어 하는 할아버지의 마음이 잘 느껴지지?
겉으로는 엄격한 듯해도 가족에 대한 사랑이 깊고 어떻게 살아야 하는지 몸소 행동으로 보여 주는 아버지를 박종채는 진심으로 존경했어. 사실 박종채는 아버지만큼 글을 잘 쓰지도 못했고 학식이 깊지도 않았지. 그렇지만 우리 역사에 매우 중요한 업적을 남겼는데, 바로 아버지 박지원에 대한 전기를 써서 세상에 남겼다는 거야.

글을 쓰는 데만 4년이 넘게 걸렸고 이후 몇 년에 걸쳐 고치고 고쳐써서 《과정록》을 펴냈어. 이 책에는 효성이 깊고 영특했던 박지원의 어린 시절 모습부터 친구들과의 사귐 그리고 관직에 머물 당시의 일화들까지 자세히 기록되어 있어. 그 덕분에 박지원은 사람들에게 더 많이 알려지고 존경받을 수 있었지.

  그리고 또 하나, 박종채는 자신이 아버지에게 배운 것을 그대로 아들에게 전해 주었어. 박지원의 손자이자 박종채의 아들인 박규수는 우리나라에 개화사상을 꽃피우게 한 중요한 인물로 그 사상의 뿌리는 할아버지인 박지원에게 닿아 있지. 그러나 박지원이 죽은 뒤 태어났기 때문에 직접 가르침을 받지는 못했어.

  박종채는 아들을 키우며 자신이 아버지에게 들었던 말을 전하고 아버지에게 배운 생활 자세를 물려주었어. 또한 《과정록》을 통해 할아버

박규수

1807년 박종채의 장남으로 태어나 1877년 세상을 떠났지. 젊은 시절 효명 세자와 가까이 지냈는데, 세자가 갑자기 죽고 부모님마저 연이어 돌아가시자 근 20년간 세상과 담을 쌓고 공부에만 전념했어. 마흔두 살이 되던 해 과거에 급제해 관직에 나아간 뒤 우의정까지 오르면서 주로 개화기 조선의 외교에 관한 일을 맡아 국제적인 견문을 넓혔어. 그를 바탕으로 흥선 대원군에게 외국과의 교류가 필요하다고 여러 차례 주장했지만, 뜻대로 실현되지 못하자 정치에서 물러나 젊은 선비들에게 개화사상을 가르쳤는데, 김옥균, 박영효, 김윤식 등이 그의 영향을 받은 개화파 인물들이야.

개화사상: 조선 말기에 나타난 사상으로, 앞선 서양의 문물을 받아들여 사회와 국가가 근대화되어야 한다는 생각.

지에 대한 존경심을 심어 주었고 말이야.

    과거에 급제한 뒤 박규수는 승진을 거듭하며 우의정까지 올랐어. 사신으로 열하와 북경에도 다녀왔지. 할아버지가 다녀와 여행기를 남겼던 그곳 말이야.

    벼슬길에서 물러난 뒤 박규수는 젊은이들에게 할아버지의 책인《연암집》과 중국 사람인 위원이 지은 세계 지리 책《해국도지》같은 것들을 강의하며 개화사상의 씨를 뿌리지.

    박종채는 아버지 박지원이나 아들 박규수보다 덜 알려져 있어. 하지만 아버지 박지원의 삶과 사상을 세상에 남기고, 또 이를 아들에게 전해 박규수라는 걸출한 인물을 있게 한 공은 결코 작다고 할 수 없을 거야.

> 우리 아들은 아빠를 존경하니?
> 음, 존경보다는 좋아한다고?
> 그래, 그것도 아주 중요한 일이지.
> 어쩌면 아빠도 아들에게 존경보다
> 사랑을 더 원할지도 몰라.
> 갑자기 어디에 전화하니?
> 뭐? 아빠더러 고추장 좀 담가 달라고?

"녀석"

서로의 사랑이자 친구였던 **남편과 아내**

유희춘과 송덕봉

학교에서 기분 좋은 일 있었니?
오후 내내 입가에 웃음이 매달려 있네.
무슨 이유인지 엄마도 알고 싶은데, 말해 주지 않을래?
뭐? 결혼하고 싶은 여자 친구가 생겼다고?
좀 이르긴 하지만 좋은 일이구나.
우리 아들은 이다음에 결혼하면 어떤 남편이 될까?

나무를 깎아 만든 기러기 한 쌍이야.
예전에는 결혼을 할 때 신랑이 신부 집에
나무 기러기를 가져갔어. 기러기는 예로부터
신의, 예의, 절개, 지혜를 상징하는 새로
사랑을 받아 왔거든.

　오늘은 엄마가 조선 시대에 살았던 부부에 대한 얘기를 해 줄게. 남편의 이름은 유희춘이고 부인은 송덕봉이야. 유희춘은 선조 임금 때 호남을 대표하는 학자였어. 스물네 살 때 열여섯 살이던 송덕봉과 결혼을 했지. 송덕봉은 어려서부터 책을 많이 읽었고, 시와 글을 잘 지었어. 유배와 관직 때문에 서로 떨어져 살아야 하는 세월이 길었던 남편에게 편지와 시를 많이 써서 보냈지.

　유희춘이 며칠째 숙직을 하느라 집에 돌아오지 못한 초겨울 어느 날, 송덕봉이 옷이랑 이불을 싸서 보냈던 적이 있었어. 그 정성에 감동한 유희춘은 다음 날 임금님이 내리신 술과 함께 시 한 편을 지어 보냈단다.

눈이 내리니 바람이 더욱 차가워
그대가 추운 방에 앉았을 것을 생각하노라
이 술이 비록 하품이지만
따뜻하게 데워 줄 수 있으리

선물을 받은 송덕봉은 딸과 함께 그 술을 나눠 마시며 고마운 마음을 담아 답시를 지어 보냈어.

국화 잎에 비록 눈발이 날리지만
은대에는 따뜻한 방이 있으리
차가운 방에서 따뜻한 술을 받으니
속을 채울 수 있어 매우 고맙소

매우 낭만적이고 품위 있는 방법으로 서로에 대한 사랑을 표현한 멋진 부부지?

사실 두 사람이 서로 사랑하고 존중하는 부부였던 것은 분명하지만, 모든 시와 편지가 이렇듯 화기애애했던 것은 아니야.

한 번은 유희춘이 책 속에 모든 즐거움이 있다는 내용의 시를 적어 보여준 적이 있었어.

호남: 지금의 전라도를 이르는 말.
유배: 죄인을 먼 곳으로 추방하는 일. 귀양이라고도 한다.
은대: 조선 시대 왕의 비서 기관이었던 승정원을 이르는 말.

뜰의 꽃 흐드러져도 보고 싶지 않고
음악 소리 쟁쟁 울려도 관심 없어
좋은 술, 어여쁜 자태엔 흥미 없으니
참으로 맛있는 건 책 속에 있다네

남편의 시에 송덕봉은 어떻게 대답했을까?

봄바람 아름다운 경치는 예부터 보던 것이요
달 아래 거문고 타는 것도 한 가지 한가로움이지요
술 또한 근심을 잊게 하여 마음을 호탕하게 하는데
그대는 어찌 책에만 빠져 있단 말입니까?

봄바람, 달, 술의 즐거움도 놓칠 수 없는데 어떻게 책에만 빠져 있느냐며 책의 즐거움도 중요하지만 거기에만 빠지지는 말라는 뜻이지. 부인의 마음이 웬만한 남자들보다 커 보이지 않니?

또 이런 일도 있었어. 남편이 뭔가 자기의 자랑을 편지로 써서 보내자, "당신은 아마도 겉으로 착한 척하며 남이 알아주기를 바라는 마음이 있는 듯하오."라며 나무라는 편지를 쓴 거야. 그 편지를 읽은 유희춘은 이렇게 일기에 적었지.

"부인의 뜻과 말이 다 좋아 감탄을 금할 수가 없다."

서운할 법도 한데, 부인의 글을 자신의 문집에 적고 좋은 평을 남긴 것을 보면 유희춘은 부인의 생각을 존중한 것 같아.

두 부부가 어떻게 살았는지, 좀 더 가까이 들여다볼까?

명종 임금이 나라를 다스리던 때, 명종의 외삼촌이었던 윤원형이 벌인 일 때문에 유희춘은 20여 년 동안이나 귀양살이를 한 적이 있어. 그 뒤 선조가 왕위에 오르자 유희춘은 높은 학문을 인정받아 다시 벼슬을 받고 급히 서울로 올라왔지. 갑작스런 임금의 부름에 응하느라 가족들 얼굴도 못 보았다고 해. 그렇게 1년이 지난 뒤 가족들이 모두 서울로 올라오던 날에 있었던 일이야.

"왜 이리 늦는고……."

배를 타고 한강 남쪽까지 건너온 유희춘은 연신 남쪽 길을 바라보며 가족들을 기다렸어. 특별 휴가를 얻어 잠시 가족들 얼굴을 보긴 했지만, 그래도 거의 열 달 만의 만남이었으니 얼마나 보고 싶었겠어.

멀리 말을 탄 아들과 사위의 모습이 보이고, 그 뒤를 부인 송덕봉과 딸 은우 어미가 탄 가마가 따르고 있었지. 말에서 내려 절을 하는 아들과 사위의 손을 잡으며 유희춘은 반가운 마음을 숨기지 않았어.

"무사히 도착했으니 다행이다. 음식상을 차려 놨으니 어서 배에 오르자."

그러고는 부인의 손을 잡고 배 안의 장막으로 들어갔지. 장막 안에는 조촐한 다과가 준비되어 있었어. 조선 시대 남자라면 왠지 근엄한 모습일 거 같은데, 생각보다 다정다감한 남편이고 아버지였던 것 같지?

유희춘은 네다섯 달 전부터 새로 집을 구해 안채를 수리하고 서까래와 굴뚝을 고쳐 놓으며 가족들을 맞을 준비를 했어. 그래도 안주인이 없는 살림살이라 허술한 구석이 있었나 봐. 며칠 뒤 부엌살림을 살펴본 송덕봉은 남편에게 투정을 했어.

"예나 지금이나 살림에 무심한 건 여전하네요."

그 말에 유희춘이 되물었지.

"무슨 소리요? 내 딴에는 잘한다고 했는데……."

"우리 집 식구가 몇인데 밥상이 고작 손가락으로 꼽을 지경이고 곳간의 콩도 내일모레면 떨어지겠습디다."

그 말에 유희춘은 곧 잘못을 인정했지.

"내 깜박했소. 곧 사람을 보낼 테니 너무 나무라지 말구려."

그러고는 곧 하인들을 보내 콩을 구해 오라 일렀어.

조선 시대에는 온 가족이 함께 모여 식사를 하는 것이 아니라 성별이나 신분에 따라 또는 나이에 따라 각각 다른 상에서 밥을 먹었거든. 그러니 작은 상들이 아주 많이 필요했지. 또 콩이 중요했던 것은 말의

윤원형: 조선 제11대 왕 중종의 왕비였던 문정 왕후의 동생. 어린 명종이 즉위한 뒤 문정 왕후가 수렴청정을 하자 권력을 휘두르며 많은 선비들을 몰아냈다.
서까래: 나무로 만든 건축물에서 지붕을 이루는 기본 재료 가운데 하나.

먹이로 사용됐기 때문이야. 조선 시대에 말은 매우 중요한 교통수단이었거든. 말이 아프면 마의가 와서 고쳐 주곤 했을 정도였대.

그럼 유희춘의 가족은 모두 몇 명이나 됐을까? 우선 유희춘과 그의 부인 송덕봉은 아들과 딸을 각각 하나씩 두었어. 이들은 모두 결혼한 상태였는데, 딸인 은우 어미가 부모를 모시고, 아들은 처가에 살다가 무슨 일이 있으면 본가로 와 일을 돕고는 했어. 왜 딸이 부모를 모시느냐고?

조선 중기인 16세기에는 남자가 여자의 집으로 가서 결혼식을 올리고 그대로 눌러 사는 처가살이가 일반적인 결혼 풍습이었거든. 송덕봉도 결혼 뒤 계속 친정인 담양에서 부모를 모시고 살았고, 신사임당도 결혼해서 친정인 강릉에서 율곡을 키웠어.

그렇다고 며느리가 시부모를 전혀 모시지 않은 건 아니야. 유희춘이 귀양을 떠나자 송덕봉은 시어머니를 정성껏 모셨어. 며느리의 효성에 감동한 시어머니가 유희춘이 귀양간 함경도까지 편지를 보낼 정도로 말이야. 또 송덕봉은 시어머니가 돌아가시자 혼자서 장례를 치르고, 삼년상을 마친 뒤에는 함경도까지 가서 유희춘의 귀양 생활을 돕기도 했지.

자, 다시 유희춘의 가족 얘기로 돌아가자. 그러니까 유희춘 부부와 딸의 가족이 직계 가족인 셈이고, 이외에도 일찍 부모를 여읜 종손 유광문과 처조카인 송진의 가족들, 여기에 노비들까지 하면 거의 백여 명에 이르렀다고 해. 어마어마하지? 이들을 먹이고 입히고 돌보는 것은 보통 일이 아니었을 거야.

도대체 이 많은 식구들이 뭘 먹고 살았을까? 유희춘이 부자였을까? 아니면 돈을 아주 많이 벌었던 걸까? 둘 다 맞는 말이야. 일단 유희춘과 송덕봉의 고향에 땅과 노비들이 있어 거기서 농사를 지어 보내주기도 했고, 관직 생활을 할 때는 나라에서 주는 녹봉을 받았지.

당시에는 아직 화폐의 사용이 활발하지 않던 때라서 녹봉은 곡식이나 옷감으로 주었어. 대여섯 명의 종들이 말을 끌고 가서 받아 왔다고 해. 보통 석 달에 한 번씩 주었는데, 유희춘이 종3품이던 당시 쌀 여덟 섬에 콩 일곱 섬, 명주 한 필, 삼베 세 필을 받았다고 일기에 기록해 놓았네. 또 근무하는 부서에서 한 달에 세 번 정도씩 반찬거리를 보내 주었어. 근데 특이한 것은 반찬거리들이 대부분 말리거나 절인 형태라는 거야. 말린 노루, 말린 꿩, 말린 대구 같은 것들 말이야. 냉장고도 없고 빠른 운송 수단도 없던 시대이니 쉽게 상하지 않는 음식들을 주었던 거지.

남편 유희춘이 관직 생활을 통해 나랏일에 참여하고 바깥일들을 처리했던 반면 부인 송덕봉은 가족들의 의식주 문제를 돌보았어. 음식 장

마의: 말의 병을 치료하는 의사.
종손: 보통 한 집안의 맏아들이나 맏손자를 가리키는 말로, 가문의 혈통을 계승하고 제사를 지내는 책임을 진다.
녹봉: 나라에서 벼슬아치들에게 나누어 주던 물품. 보통 돈, 쌀, 콩, 명주 등을 주었다.
종3품: 조선 시대 관리의 서열을 모두 열여덟으로 나누었는데, 그중 여섯 번째 등급을 말한다.

만을 비롯해 옷을 짓고 빨래하는 일, 제사를 지내고 손님을 접대하는 일, 집을 수리하고 집안에서 쓸 물건들을 만드는 일은 송덕봉뿐 아니라 당시 거의 모든 부인들이 해야 했던 일이지.

물론 송덕봉은 양반집 마님인지라 직접 빨래를 하거나 설거지를 하지는 않았어. 대부분 노비들이 했지. 음식을 담당하는 여종과 옷을 짓는 여종, 안주인의 시중을 드는 몸종 들이 다 따로 있었어. 심지어 높은 양반 가문에서는 집안 행사에서 악기를 연주하거나 노래를 부르는 노비들도 따로 있었다고 해. 하지만 이 모든 일들을 지시하고 관리하는 건 안주인의 몫이었단다.

또 송덕봉은 집안의 경제적인 부분에도 신경을 많이 썼어. 직접 땅

부부가 결혼한 지 예순 해가 되면 회혼례를 열어 축하한단다. 이때 부부는 처음 결혼할 때처럼 신랑 신부 옷을 입고 다시 결혼식을 올리지. 부부의 자녀들과 친척, 이웃들은 모두 함께 두 사람을 축복해 주었어. 그림은 조선 시대 양반의 일생을 그린 〈평생도〉 중 회혼례 장면이야.

을 사고팔기도 했고, 쌀을 빌려 주고 이자를 받기도 했지. 또 누군가 선물을 보내오면 그에 마땅한 물건을 답례로 보내는 것도 그의 일이었고. 어려운 일을 당한 일가친척을 돕거나 억울한 일을 당한 이웃을 도와주기도 했지.

학문이 깊었던 송덕봉은 딸과 아들, 손자들을 기르고 가르치는 일, 또 유희춘의 건강 관리와 관직 생활에도 많은 영향을 주었어.

유희춘의 책을 관리하고 책 쓰는 데 도움을 주기도 했지. 유희춘은 책을 아주 좋아해서 틈나는 대로 책을 사서 모았거든. 책이 귀하던 당시 거의 3천5백 권이나 되는 책을 갖고 있었대.

그런데 유희춘은 이 책들을 제대로 정리하지 못했나 봐. 필요할 때 책을 찾지 못해 애를 태우기도 했거든. 그런 모습을 보고 송덕봉이 물었지.

"뭘 그리 찾으시오?"

"《예기》를 찾을 수가 없구려. 내일 경연에 들어가기 전에 보아야 하는데……."

서울로 이사한 지 얼마 되지 않은 어느 날 송덕봉은 사위를 불러 집 안에 있는 책을 모두 방 하나에 모으도록 했어. 그런 뒤 사위와 함께 책 테두리에 제목을 쓰기 시작했지.

"마구잡이로 쌓아 놓으면 나중에 무슨 책이 어디에 있는지 어찌 알

경연: 고려, 조선 시대에 임금이 학문이 높은 신하와 함께 공부하던 일.

겠나. 책마다 위쪽 테두리에 제목을 써 놓으면 다음에 쉽게 찾을 수 있겠지."

이렇게 책 제목을 다 써놓은 뒤 종류별로 나눈 다음 제목이 보이도록 서가에 얹어 놓았지.

그 다음부터는 책 찾기가 훨씬 쉬웠겠지?

"부인, 정말 좋은 생각이오."

유희춘도 감탄했다고 해.

또 유희춘이 번역이나 교정 작업을 할 때 부인에게 물어서 했다는 기록도 남아 있어. 그런 날 일기에 유희춘은 "내가 오늘 새벽에 부인과 동료가 된 셈이다."라고 쓰며 기뻐했지.

학문이 깊고 지혜로웠던 송덕봉과 그런 부인의 재능을 인정하고 아꼈던 유희춘은 서로 사랑하는 부부이자 동료, 친구로 평생을 살았어. 유희춘은 자신의 문집 뒤에 부인의 시와 글을 모은 부록 한 권을 덧붙여 부인의 작품이 후대에 알려지는 데 매우 큰 공을 세우지.

유희춘은 55세가 되는 해인 1567년 10월부터 세상을 떠나기 직전인 1577년 5월까지 거의 매일 일기를 썼는데, 10년 동안 쓴 이 일기는 우리가 당시의 생활을 이해하는 데 매우 중요한 자료가 된단다. 물론 우리가 지금 유희춘과 송덕봉 부부의 생활에 대해 얘기를 나눌 수 있는 것도 그 덕분이지.

남편과 아내 유희춘과 송덕봉

멋진 부부의 모습이지?
송덕봉이 남편을 너무 구박한 거 같다고?
음, 조선 시대 하면 으레 부인이 남편의 말에
순종하던 모습을 생각할까봐 엄마가 반대되는 이야기들을
주로 들려주다 보니 그렇게 보였나 보네.
이다음에 네가 직접 유희춘의 일기를 읽어 보면
서로 존중하고 사랑한, 그러면서도
평등한 부부였다는 걸 느낄 수 있을 거야.

아들의 스승이 된 **어머니**와 나라의 스승이 된 **아들**

신사임당과 이율곡

오늘 학교에서 무슨 일 있었니?
지금은 얘기하고 싶지 않은 얼굴이구나.
엄마는 우리 태영이랑 힘든 일이든 즐거운 일이든 함께 나누고 싶은데…….
그래, 그럼 얘기하고 싶어질 때까지 기다릴게.
대신 엄마 얘기는 들어줄 거지?
우리 역사상 가장 유명한 어머니와 아들에 대한 얘기야.

1536년이 거의 끝나가던 12월 25일이었어.

"어머니, 진통이 시작되는 것 같습니다."

신사임당은 뱃속의 아이가 나오려는 움직임을 느끼고 급히 친정어머니를 찾았어. 어머니 이 씨는 산파를 부르고 하인들에게 깨끗한 물을 길어 따뜻하게 데우라 일렀지. 이미 4남매를 두었지만 몸이 약한 사임당에게 아이를 낳는 일은 늘 죽음을 각오해야 할 만큼 고통스럽고 힘겨운 일이었어.

주기적으로 진통이 시작되었다 멈추었다를 반복하는 동안 의식을 놓은 것인지 잠이 들었던 것인지 사임당의 눈앞에 검푸른 동해바다가 펼쳐졌어. 처음엔 잔잔하던 바다가 점차 요동치기 시작하더니 그 속에

산파: 아이를 낳을 때 산모를 도와주는 여자.

서 시커먼 물체가 서서히 모습을 드러냈지. 눈부신 광채를 뿜으며 하늘로 오르는 그 검은 물체를 자세히 살펴보니 용이었어. 우아한 모습으로 하늘을 날던 용이 천천히 사임당이 누워 있는 방문 앞까지 다가와 몸을 꼬고 앉았어.

그때 갑자기 격렬한 진통이 찾아왔고, 꿈에서 깨어난 사임당은 곧 건강한 사내아이를 낳았어. 태몽을 따라 아이의 이름은 '검은 용', 곧 '현룡'이라 지었지. 현룡은 율곡 이이의 어릴 적 이름이야. 지금도 강릉

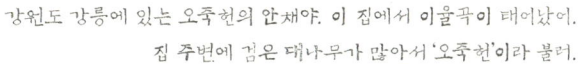

강원도 강릉에 있는 오죽헌의 안채야. 이 집에서 이율곡이 태어났어. 집 주변에 검은 대나무가 많아서 '오죽헌'이라 불러.

에 가면 율곡이 태어났던 오죽헌이라는 집이 있어. 율곡이 태어났던 방은 '용꿈을 꾼 방'이라는 뜻으로 '몽룡실'이라고 해.

　율곡은 어릴 때부터 몹시 총명했어. 세 살 때부터 글을 읽었고, 일곱 살이 되기 전에 어려운 유학 경전들을 이해했지. 율곡의 총명함은 어머니인 사임당을 닮았기 때문이라고들 해. 사임당도 매우 지혜롭고 재주가 많았거든.
　어려서부터 글을 읽어 학문이 깊었고, 글도 잘 지었어. 뿐만 아니라 붓글씨를 잘 썼고, 바느질과 수놓기도 뛰어났어. 그 가운데서도 그림 그리는 재주가 탁월했지. 일곱 살에 세종 때의 유명한 화가 안견의 산

수도를 흉내 내 그림을 그렸는데 매우 아름다워서 어른들이 크게 감탄했다는 이야기도 있어.

신사임당은 주변에서 볼 수 있는 작은 생명들에 관심을 갖고 그것들을 그렸어. 수박 밭에서 수박을 갉아먹는 들쥐, 가지나무 옆을 날아다니는 나비와 방아깨비, 오이 덩굴 옆의 개구리 같은 것들을 생동감 있게 표현해 냈지. 그렇게 그린 그림을 가까운 친척들이 얻어가곤 했어.

한번은 그림을 얻어갔던 친척 어른이 난처한 얼굴로 말했어.

"그림을 한 장만 더 그려줄 수 없겠느냐. 얼마 전에 풀벌레를 그려서 준 그림 말이다. 물감이 좀 덜 마른 것 같아 마루에 펴놓았더니 글쎄 닭이 와서 쪼아 대는 바람에 구멍이 났지 뭐냐."

"닭들이 그림을 쪼아 대다니요?"

옆에서 듣고 있던 사임당의 동생들이 물었어.

"그림이 어찌나 살아 있는 듯 생생한지 닭들이 제 먹이인 줄 알고 덤빈 게지."

친척 어른의 설명에 듣고 있던 사람들이 다들 감탄을 쏟아냈어. 지금도 전하는 사임당의 그림을 보면 그 말이 납득이 갈 거야.

율곡은 강릉 외가에서 태어나고 자랐어. 율곡이 여섯 살이 되던 해 사임당은 서울로 살림을 옮겨야 했지. 시어머니의 연세가 너무 많아서

유학 경전: 유학이란 공자로부터 시작된 중국의 학문이며, 유학에서 가장 중요한 책들을 경전이라 한다.
산수도: 산과 물이 어우러진 자연의 아름다움을 그린 그림.

시댁 살림을 물려받아야 했거든. 그때 친정어머니 이씨와 헤어져 떨어지지 않는 발걸음으로 대관령을 넘으며 남긴 시가 있는데, 들어볼래?

늙으신 어머님을 고향에 두고
외로이 서울 길로 가는 이 마음
돌아보니 북촌은 아득도 한데
흰 구름만 저문 산을 날아다니네

서울에 와서도 친정어머니를 그리며 눈물을 흘리다 밤을 지새우는 적이 많았어.

율곡도 그런 어머니를 꼭 닮아 외할머니에 대한 사랑이 컸단다. 나중에 얘기하겠지만 율곡이 금강산으로 들어가 불교 공부를 한 적이 있었거든. 그때 절을 나와 가장 먼저 찾아간 사람도 외할머니였어. 또 외할머니의 병환 소식에 벼슬을 버리고 강릉으로 내려간 적도 있고. 조정에서 외할머니의 봉양은 우리나라 법전에 없는 일이니 직무를 함부로 버린 율곡에게 벌을 내려야 한다는 상소가 올라오기도 했지.

그러나 선조는 "비록 외할머니라도 정이 간절하면 어찌 가 보지 않을 수 있겠느냐. 효행에 관계된 일로 파직까지 시키는 건 지나치다."라며 듣지 않았어.

봉양: 부모님을 비롯한 웃어른을 모시는 일.
파직: 관직에서 물러나게 함.

어머니와 아들 신사임당과 이율곡

신사임당이 그린 그림이야. 큰 맨드라미와 들꽃이 있고 꽃향기에 이끌려 온 나비가 세 마리 날아다니네. 땅에는 쇠똥구리들이 열심히 쇠똥을 굴리고 있어. 신사임당은 꽃이나 곤충을 생생하게 표현해 냈단다.

그런 일이 있고도 이듬해 다시 선조의 특별한 허락을 얻어 강릉에 갔다가 외할머니가 돌아가시는 곁을 지킨 것도 율곡이었어. 친손자가 없었던 외할머니는 자신과 남편의 제사를 율곡에게 부탁하며 집 한 채를 남겼지.

애기가 너무 많이 지나쳐갔구나. 다시 율곡의 어린 시절로 돌아가 볼까?

율곡이 세 살 때 이미 글을 읽었다는 말은 앞에서 했지? 일곱 살에는 이웃 마을 사람에 대한 짧은 전기인 〈진복창전〉이라는 글을 썼고, 여덟 살 때에는 파주에 있는 화석정이라는 정자에 올라 그곳에 대한 시를 지어 주위 어른들을 놀라게 했지.

율곡은 열세 살에 초시에 합격했어. 천재 소년이 등장했다고 온 나라가 떠들썩했어.

"수고했다. 그러나 이것은 시작에 불과하다. 열심히 정진하여 더 높은 학문을 쌓도록 하여라."

사임당은 어린 아들이 자랑스러웠지만 행여나 너무 우쭐할까 봐 기쁨을 다 드러내지 않았어.

"예, 어머니. 모두 아버님 어머님이 돌보아 주신 덕분입니다."

율곡은 의젓하게 대답했어.

초시: 과거의 1차 시험. 조선 시대 과거는 보통 초시, 복시, 전시의 3차 시험을 보았다.

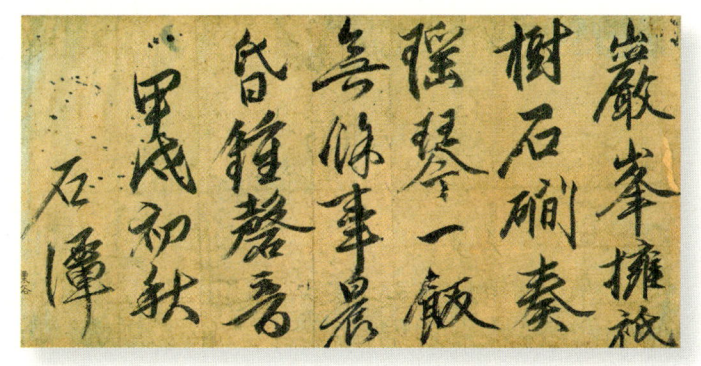

율곡은 일곱 살에 이웃 마을 사람에 대한 짧은 전기인 〈진복창전〉이라는 글을 썼고, 여덟 살에는 파주에 있는 화석정이라는 정자에 올라 그곳에 대한 시를 지어 주위 어른들을 놀라게 했지. 사진은 율곡이 쓴 글씨란다.

　　평생을 과거 공부에 바쳐도 합격하지 못하는 사람이 수두룩한데 열세 살에 합격이라니, 사임당은 아들이 대견하고 기특했지. 사실 사임당의 남편 이원수도 젊은 시절 과거 공부에 매달렸지만 합격하지 못했거든. 사임당이 몇 번이나 조언을 했지만 남편은 학문에 전념하지 못했어.
　　율곡이 초시에 합격한 이듬해, 집안에 또 좋은 일이 생겼어. 사임당의 남편이 벼슬을 하게 된 거야.
　　"여보, 드디어 내가 벼슬길에 오르게 되었소. 수운판관이라고 각 지방에서 나라에 세금으로 바치는 곡식을 배에 실어 서울로 운반해 오는 일을 감독하는 직책이라오."
　　"축하드립니다. 이제 우리에게도 좋은 일만 있으려나 봅니다."
　　사실 남편이 평생 별다른 직업을 갖지 못해 어려운 살림을 꾸리느라

사임당의 고생이 심했거든. 일곱 남매를 데리고 몇 번이나 이사를 다니며 힘들게 살아왔지.

"이제 우리 형편도 나아질 테니 새집으로 이사를 갑시다."

남편은 들떠 말했어. 그래서 다음 해 봄 서울의 삼청동으로 이사를 했지.

이사를 하고 얼마 지나지 않아서야. 율곡의 아버지는 평안도 지방에서 세금으로 걷은 곡식을 서울로 가져오라는 명령을 받았어. 한 달 정도 걸리는 일이었지. 아버지는 큰아들 선과 셋째 아들 율곡을 데리고 출장을 떠났어. 아들들에게 넓은 세상을 보여 주고 싶어서였어.

그런데 남편과 아들들이 없는 사이에 사임당은 병이 나서 세상을 떠나고 말아. 뒤늦게 소식을 듣고 달려온 율곡은 울며 후회하고 또 후회했지. 조금만 더 일찍 돌아왔다면, 아니 여행길에 따라나서지 않았다면, 어머니의 마지막 길을 지켜드릴 수 있었을 텐데 하는 안타까움이 너무 컸어. 재능 많고 인자했던 어머니가 마흔여덟의 나이에 갑자기 세상을 떠났다는 것이 믿기지 않았지.

깊은 슬픔에 빠진 율곡은 삼년상을 치른 뒤 금강산으로 들어갔어. 과거 공부 대신 불교에서 진리를 찾으려 했던 것 같아. 그러나 1년 만에 산을 내려온 율곡은 강릉의 외할머니 곁으로 가서 다시 유학 공부에 몰두했고 이듬해 과거에서 장원을 차지했지. 그런 뒤 여덟 번이나 더 장

장원: 과거의 마지막 단계인 전시 합격자 가운데 1등.

원을 차지하며 화려하게 벼슬길에 올랐어. 사람들은 아홉 번이나 장원을 차지했다며 율곡을 '아홉 번 장원한 사람'이라고 부르기도 했단다.

율곡은 명종과 선조를 보좌하며 나라의 큰 일꾼으로 성장해 갔어. 옳은 일이면 임금에게도 거침없이 말했고, 지방관이 되어서는 '향약'을 만들어 백성들을 가르쳤으며, 《성학집요》 등 나라를 다스리는 데 참고가 될 만한 글을 써서 임금에게 올렸지.

율곡은 조선 시대를 대표하는 학자이고 스승이었어. 임금을 보필하면서도 많은 제자들을 길러 내어 그 제자들이 정치를 이끌게 돼.

율곡의 제자들은 스승인 율곡과 함께 그 어머니 사임당을 존경했어. 물론 화가로서, 시인으로서의 사임당도 높이 평가받을 만하지만 거기에 존경의 의미가 더해진 것은 나라의 큰 스승이었던 율곡이라는 탁월

향 약

조선 시대에 마을 단위로 만든 자치 모임을 말해. 덕을 서로 권하고, 잘못이 있으면 벌을 주며, 서로 예의로써 사귀고, 어려운 일이 있을 때 도와준다는 것을 목표로 하여 구성되었지.
중국 송나라 때 시작되었고 조선 시대에는 중종 때 젊은 선비들이 향약을 실시하자고 주장하면서 널리 퍼졌어.

한 학자를 길러 냈기 때문일 거야.

  몸이 약했던 것도 어머니를 닮았는지 율곡은 과로와 지병에 시달리다가 마흔아홉의 나이에 세상을 떠났어. 율곡이 죽기 하루 전날 율곡의 부인이 검은 용이 방에서 하늘로 날아가는 꿈을 꾸었다니 참 신기한 일이지?

아들!

율곡은 지혜롭고 효성스러운 어머니를 많이 닮았어.
우리 아들도 엄마랑 많이 닮았지?
역사책 좋아하고, 지기 싫어하고, 물놀이 좋아하고.
또 가끔씩 아무한테도 얘기하기 싫을 때가 있는 거.
그래, 오늘은 기다릴게.
그렇지만 오래 기다리지 못하는 것도 엄마랑 너랑 똑같이 닮았으니
많이 기다리게 하기는 없다.

근엄한 **할아버지**와 눈에 넣어도 아프지 않을 손자

이문건과 이수봉

태영아, 할아버지께 전화 드리자.
날도 추운데 할아버지 잘 계시는지 여쭈어 볼래?
멀리 떨어져 살아서 자주 뵙지는 못하지만
할아버지는 네 목소리만 들어도 기운이 나신다잖아.
자, 오늘은 손자를 정말 사랑했던
조선 시대 어떤 할아버지에 대한 얘기를 해 줄게.

지금부터 약 5백여 년 전의 일이야. 하루는 일흔이 넘은 이문건이라는 할아버지가 이제 열일곱 살이 된 손자 수봉을 방으로 불렀어. 그러고는 거뭇거뭇 수염이 자리 잡기 시작한 손자의 얼굴이며, 제법 벌어진 어깨, 근육이 붙은 다리를 새삼스럽게 살펴보았지.

"많이 자랐구나."

할아버지는 자신에게 남겨진 시간이 많지 않다는 것을 알고 있었어. 자신이 이 세상을 떠나면 손자가 험한 세상을 잘 헤쳐 나갈지, 바람대로 열심히 공부해서 가문을 일으켜 세울지 걱정이 많았지.

아무 대답도 안 했지만, 수봉은 할아버지가 어느새 이렇게 늙으셨구나 생각했어. 아버지가 일찍 돌아가신 뒤 유일한 손자인 자신을 온 정성을 다해 키워 주신 할아버지였지. 때론 무섭게 매를 들기도 했지만 할아버지가 자신에게 들인 애정 그리고 기대를 잘 알고 있었어.

할아버지는 기력이 예전만 못하신지 근래에는 통 꾸중도 않으셨어. 작년만 해도 공부에 열중하지 않는다고 매서운 회초리를 드셨는데 말이야.

"할아비 원망 많이 했지?"

"아닙니다. 제가 할아버지 마음을 모르나요? 다 제가 잘되라고 그러신 걸요."

"고맙다. 잘 커 줘서……."

그러면서 할아버지는 책을 한 권 내밀었어.

"네 것이다."

책 표지에는 《양아록》이라고 쓰여 있었어. 수봉이가 태어나는 순간부터 지금까지 어떻게 자라왔는지 하나하나 기록한 육아일기였지. 할아버지가 손수 쓰신.

지금까지도 전하는 《양아록》은 이문건 할아버지가 손자를 얼마나 아끼고 사랑했는지 고스란히 보여 주고 있는 귀한 자료야.

할아버지는 매우 외로운 분이었어. 형 둘과 누나 둘이 있었지만 모두 일찍 죽었고, 결혼을 해서 자식을 여섯이나 두었지만 그 가운데 어

육아일기: 어린아이를 기르며 있었던 일들을 기록한 일기.

른으로 성장한 것은 아들 하나와 막내딸뿐이었어. 그런데 아들은 어렸을 때 열병을 심하게 앓은 뒤로 지능이 많이 낮아졌고, 막내딸도 자주 앓다가 스무 살 무렵에 죽었으니 할아버지의 걱정이 정말 많았겠지?

당시 할아버지는 정치 싸움에 밀려 귀양을 온 처지였어. 그러다 보니 과연 병약한 아들이 대를 이어줄 수 있을지, 후손들이 쓰러진 가문을 다시 일으킬 수 있을지 노심초사했지.

그런데 아들이 장가를 들어 두 명의 손녀를 낳고, 이어 손자도 태어난 거야. 할아버지가 얼마나 기뻐했을지 상상할 수 있겠니? 할아버지는 손자를 본 기쁨을 시로 지어 남겼어.

> 오늘 갓 태어난 손자를 보니 기쁜 마음이 든다
> 만년에 어른으로 커 가는 모습 지켜보리라
> 귀양살이 쓸쓸하던 차에 흐뭇한 일이 생겨
> 늙은 할아비 스스로 술을 따라 마시며 축하한다

할아버지는 손자의 이름을 숙길이라고 지었어. 자라면서 좋은 일이 많이 생기라는 뜻이래. 그런데 숙길이도 몸이 그다지 건강한 편은 아니었어. 어린 시절 자주 아파서 할아버지의 애를 태웠지.

"아이고, 어린 것이 이렇게 자꾸 설사를 하면 어떻게 하냐."

학질: 학질모기가 옮기는 전염병으로 말라리아라고 한다. 높은 열이 나다가 땀을 많이 낸 뒤 열이 내린다.

"우리 숙길이 몸이 왜 이렇게 뜨거울까. 학질인가?"

그럴 때마다 할아버지는 '차라리 내가 대신 아팠으면 좋겠다. 이 어린 것이 어찌 버틸까?' 생각하며 안절부절못했지.

그래도 다행히 숙길은 험한 고비들을 넘기고 무럭무럭 자랐어. 태어난 지 7개월이 지나니 이가 나기 시작했고, 10개월이 지나니 양손으로 다른 물건을 잡고 엉거주춤 일어났지.

드디어 손자의 돌이 되었어. 조선 시대만 해도 의학이 발달하지 않았던 때라 태어나서 얼마 못 살고 죽는 아이들이 많았어. 그래서 첫돌 때는 큰 고비를 넘겼다는 의미로 잔치를 열어 축하했지. 돌잔치에는 빠지지 않는 것이 있는데, 아이 앞에 여러 가지 물건을 늘어놓고 어떤 것을 집는지 보는 돌잡이가 바로 그거야.

양반의 일생을 그린 〈평생도〉라는 그림에 나오는 장면이야.
가운데 앉은 아기가 돌잡이를 하고 있어.

숙길이는 맨 처음에 붓과 먹을 집었고, 그 다음에는 금과 옥으로 장식한 투환, 활, 쌀, 도장 순으로 집어들었어. 할아버지는 숙길이가 뒷날 문장으로 크게 될 것이라며 기뻐했지.

돌을 지나 큰 고비를 넘겼다고는 하지만 이후에도 숙길이는 자주 병치레를 해서 할아버지 애를 태우곤 했어. 세 살 때 학질에 걸려 몸이 차가워졌다 뜨거워졌다를 반복하며 스무 날 넘게 심하게 앓은 적도 있었고 말이야. 날이 갈수록 숙길이는 얼굴이 누레지고 살도 빠졌어. 그 모습을 보는 할아버지는 울음이 나올 것 같았어.

"숙길아, 너는 몸이 약한 편이니 고기나 생과일, 찬 음식을 가려 먹어야 한다. 그래야 몸에 탈이 안 생겨."

할아버지가 아무리 타일러도 손자는 말을 듣지 않았어.

잠시도 가만히 있지 않고 뛰어다니다가 마음껏 찬물을 마셨고, 고기나 생과일을 보면 참지를 못했지.

"나 고기 먹을래. 나 시원한 거 주세요."

금쪽같은 손자의 애원에 할아버지는 한숨을 쉬었어. 언제 철이 들어 스스로를 보호할 줄 알게 될까 안타까울 뿐이었지. 아직은 어린 나이여서 가르쳐 주어도 이해하지 못하고 꾸짖어도 듣지 않으니 아이를 보살피고 기르는 일이 진짜로 어렵다고 생각했을 거야.

투환: 이문건 할아버지의 집안에서 전하는 것으로 금으로 테를 둘러 장식한 옥이었다.

그후에도 숙길이는 천연두를 앓고 심한 부스럼으로 고생하는 등 할아버지의 애를 많이 태웠어. 밥도 잘 안 먹었던 모양이야.

"숙길아, 밥 먹자."

할아버지가 수저를 들어 권해도, 숙길이는 하품을 하고 기지개를 켤 뿐 밥상은 쳐다보지도 않았어.

"아, 졸려요."

"밥 먹고 자자."

"밥 먹기 싫은데……."

"그래도 조금만 먹어야지."

"윽, 갑자기 배가 아파요. 뒷간에 좀……."

그러면서 도망을 치곤 했지. 여종이 부지런히 따라다니며 입에 밥을 넣어 줘도 씹지를 않고 물고만 있었고 말이야. 결국 화가 난 할아버지가 꾸짖었어.

"이 녀석! 사람이 밥을 먹어야 아프지 않고 건강하지. 밥을 안 먹으면 어떻게 하느냐?"

그래도 별 소용은 없었던가 봐. 할아버지는 위와 장이 약해 저러는 걸 어찌하겠냐고 걱정할 뿐이었지.

숙길이는 장난도 심했어. 날카로운 연장을 가지고 놀다가 엄지손톱이 찢어지기도 하고, 넘어져서 얼굴 반쪽에 멍이 들기도 하는 등 할아

천연두: 급성 전염병 가운데 하나로 열이 많이 나고 온몸에 좁쌀 같은 것이 돋는다. 딱지가 저절로 떨어지기 전에 긁으면 흉터가 생긴다.

할아버지와 손자 🍊 이문건과 이수봉

조선 시대 아이들도 장난을 치며 신나게 노는 걸 좋아했나 봐.
그림은 조선 후기에 그려진 민화야. 사내아이들이 냇가에서 신나게 물고기를 잡고 있어.

버지를 놀라게 했지. 그러면 할아버지는 손자보다 자신이 더 많이 놀란다며 안타까운 마음을 감추지 않았어.

    손자를 많이 사랑했던 할아버지는 다섯 살이 된 숙길이를 아예 같은 방에서 재우고 먹이며 키웠어. 숙길이도 그런 할아버지를 많이 따랐다고 해. 할아버지 품에 안겨 잠이 들었다가 잠에서 깨어나면 또 할아버지를 부르며 울었지. 옆에서 책을 보던 할아버지는 다시 손자를 안아서 재워 주었고.
    아플 때에는 죽 먹이고 똥 누이는 일까지 할아버지에게 해 달라고 조른 모양이야. 할아버지는 기쁜 마음으로 그 시중을 들어주었어. 할아버지가 외출이라도 하는 날이면 졸려도 잠을 안 자고 기다리다가 할아버지가 돌아오시면 펄쩍펄쩍 뛰면서 기쁘게 맞았다고 하니 얼마나 예뻤겠니?
    더구나 숙길이 일곱 살 때 숙길의 아버지인 온이 세상을 떠나자 할아버지가 마음을 의지할 사람은 숙길이밖에 없었어.

    손자가 자라면서 할아버지는 글을 가르치기 시작했어. 사실 이문건 할아버지의 집안은 대대로 학문이 높았던 집안이야. 이문건 할아버지와 그의 형도 과거에 급제를 해 높은 벼슬을 했어.

그런데 당시는 정치적으로 좀 혼란스러웠거든. 사림이라는 새로운 정치 세력이 등장하면서 그전에 권력을 잡고 있던 사람들과의 정치 싸움이 치열했지. 이 무렵 사림들의 존경을 한몸에 받던 인물이 조광조인데, 이문건 할아버지는 바로 조광조의 제자였어. 결국 정치 싸움은 사림의 패배로 끝나. 조광조는 죽음을 당하고 그를 따랐던 많은 사람들은 귀양길에 올라야 했지. 이문건 할아버지도 그 영향을 받아 귀양을 와 있었던 거고.

할아버지는 후손들을 가르쳐 다시 가문을 일으키는 것이 자신에게 남은 일이라고 생각했어. 처음에는 아들을 가르치려 했지만, 지능이 낮았던 아들은 기대에 한참 미치지 못했어. 화가 나 매를 든 적도 많았지만 아들의 공부는 제자리걸음이었고, 할아버지는 포기할 수밖에 없었지.

조광조

1482년에 조원강의 둘째 아들로 태어나 1519년에 세상을 떠났어.
학문이 깊고 자신이 배운 대로 실천하는 꼿꼿한 학자였던 조광조는 삼십 대 초반의 젊은 나이에 이미 당시 학자들의 존경을 한몸에 받는 인물이었어. 중종을 도와 조선을 개혁하려 했지만, 반대파들의 음모에 죽음을 당하고 말았지. 그러나 이후 그의 사상과 학문은 퇴계 이황과 율곡 이이에게로 이어지고, 조광조는 성리학의 성인으로 인정받아.

사림: 중앙의 정치에 나아가지 않고 시골에서 유학을 공부하던 학자들로, 조선 중기 이후 등장해 나라의 정치를 이끌었다.

이제 남은 희망은 숙길이인데, 숙길이도 할아버지의 기대에는 미치지 못했던 것 같아. 할아버지 말씀을 주의 깊게 듣지 않고 자꾸 밖에 나가 놀 궁리만 했거든.

"숙길이, 어디 갔느냐?"

"냉큼 이 녀석을 잡아 오너라."

책 읽으라고 해놓고 잠시 뒷간에 갔다 오니 숙길이 녀석이 또 도망을 갔던 모양이야.

화가 난 할아버지는 여종이 다녀오길 기다리지 못하고 뒤쪽 사립문 밖까지 따라 나와 보았어. 숙길이가 집에 안 들어가겠다고 버티는 게 보이네.

"썩 들어오지 못하겠느냐!"

할아버지의 호통에도 숙길이는 들어오지 않았어.

그 버릇없는 행동에 화가 난 할아버지는 직접 나가 숙길이를 끌고 오며 뒤통수를 손으로 다섯 번 때리고, 들어와서는 창쪽에 서 있게 한 뒤 손바닥으로 엉덩이를 네 번 때렸지. 화가 나 때리기는 했지만 할아버지도 무척 속상했어. 엎드려 우는 숙길이의 등을 보며 할아버지는 생각했어.

'날마다 부지런히 글씨를 쓰고 익힐 어린아이가 어디 있겠는가. 나는 다만 네가 모든 것을 소중히 하기를 바랄 뿐이다.'

사립문: 나뭇가지로 엮어 만든 문.

다행히 숙길이는 점점 공부에 취미를 붙여 천자문을 줄줄 외우고 《소학》과 《대학》, 《논어》 같은 책들도 배워 나갔어.

그래도 한참 자라는 어린아이다 보니 가끔씩 아프기도 하고 또 노는 데 정신이 팔려 할아버지의 속을 썩이기도 했지. 한번은 그네 타는 데 빠져서 하루 종일 그네만 타더니 이튿날도 글 한 줄 읽지 않고 그네를 타는 거야. 할아버지가 그만 내려오지 않으면 그네를 끊어 버리겠다고 해도 막무가내로 안 내려왔어. 화가 난 할아버지는 곧장 그네를 끊어 버리고는 숙길이를 방으로 끌고 와 종아리를 때렸지.
"내가 회초리를 든 것은 화가 났기 때문이 아니라, 네 나쁜 버릇을 바로잡기 위해서다. 잘못된 행동을 그대로 내버려 둔다면 끝내는 고치기 어려울 것이다."
눈에 넣어도 아프지 않을 만큼 아끼는 손자를 때리는 할아버지의 마음도 울고 있었을 거야.

그런데 또다시 숙길이가 할아버지의 속을 상하게 했어. 어른이 되기도 전에 술을 좋아하게 된 거야. 할아버지는 하나뿐인 손자라고 오냐오냐 키웠더니 스스로를 지키지 못하는 사람으로 성장하는 것은 아닌가, 또 아버지 없는 한을 술로 푸는 것은 아닌가 염려스러웠어. 잘못된 행

동을 그대로 두면 안 된다고 생각했지.

할아버지는 온 가족을 불러 앉히고 숙길에게 엄하게 말했어.

"종아리를 걷어라."

술이 깬 뒤 잘못을 깨달은 숙길이는 말없이 종아리를 걷었어.

"먼저 누이들이 열 대씩 때려라. 그리고 숙길 어미와 할미도 열 대씩 때리시오."

가족들은 아무도 입을 열지 않았어. 그저 찰싹찰싹 회초리가 살에 닿는 소리만 울릴 뿐이었지.

마지막으로 회초리를 든 할아버지는 다시 스무 대를 더 때렸어.

숙길이의 종아리도, 때리는 가족들의 마음도 많이 아팠겠지만 아직 다 자라지도 않은 몸으로 술에 빠지면 얼마나 몸이 상하는지, 정신이 얼마나 흐트러지는지 생각하면 그렇게라도 막아야 했겠지.

어린 나이에 술을 마시고 음식을 조절하지 못하는 손자를 보며 혹시 이름을 잘못 지어 그런 것은 아닌지 고민한 할아버지는 결국 숙길의 이름을 준숙으로 바꾸었다가 다시 '큰 사람이 되어 집안을 일으키라'는 뜻인 수봉으로 고쳤어.

할아버지의 정성 덕분인지 수봉은 차츰 듬직한 청년으로 자랐어. 《양아록》을 전해 준 이듬해 할아버지는 돌아가셨고, 수봉은 상주가 되

상주: 초상이 났을 때 주인이 되어 행사를 치르는 사람.

어 장례를 치렀지.

 아버지도 없이, 형제도 없이 홀로 할아버지의 장례를 주관하는 수봉의 머릿속에 어린 시절부터 한 방에서 자신을 길러 주신 할아버지의 모습이 차례차례 떠올랐어. 밥 한 숟가락이라도 더 먹이려 애쓰시던 모습, 자신이 아프면 밤새 머리맡을 지키며 마음 아파하시던 모습, 공부보다 놀이를 좋아했던 자신에게 매를 들고는 돌아앉아 언짢아하시던 모습이 하나하나 되살아났지. 살아 계실 때 좀 더 기쁘게 해 드리지 못한 것이 많이 아쉽고 죄송할 뿐이었어.

 이후 수봉은 임진왜란이 일어났을 때 의병을 일으켜 왜적과 맞서 싸웠어. 전쟁이 끝난 뒤 나라에서 상을 내리려 했지만 당연한 일을 했는데 받을 수 없다며 거절해 사람들의 칭송도 받았지. 비록 과거에는 급제하지 못했지만, 어린 시절 철없는 말썽꾸러기였던 수봉이 할아버지가 자랑스러워할 만큼 잘 자란 것 같지? 또 아들을 둘이나 낳아 대를 이었다니 할아버지는 하늘에서 무척 기뻐하셨을 거야.

의병: 나라에 어려움이 닥쳤을 때 백성들이 스스로 조직한 군대.

할아버지와 손자

이문건과 이수봉

손자 사랑이 대단했던 할아버지였지?
사실 대부분의 할아버지 마음이 다 비슷할 거야.
이문건 할아버지가 너무 무서운 거 같다고?
엄마 생각에는 손자가 너무 말썽꾸러기였던 거 같은데?

빛나는 재능으로 서로의 삶을 응원한 오누이

허난설헌과 허봉, 허균

재미있게 놀고 왔니?
동윤이 동생 승윤이랑도 같이?
뭐? 여동생이 있으면 심심하지 않아서 좋을 것 같다고?
오늘은 우리 아들이 여동생이 있었으면 하는 모양이네.
음, 그럼 엄마가 사이가 아주 좋았던 오누이에 대한 얘기를 해 줄게.
홍길동이라는 멋진 의적 이야기는 들어본 적이 있지?
그 이야기를 지은 사람이 허균인데,
허균과 그의 누나였던 허난설헌, 그리고 형 허봉에 대한 얘기야.

"**새로운** 글을 지은 게냐? 어디 좀 보자."

열두 살이나 차이가 나는 작은오빠 허봉은 어린 여동생의 총명함을 칭찬하며 글공부를 이끌어 주었어. 난설헌은 전날 써 두었던 글 한 편을 오빠 앞에 내밀었지.

"광안전백옥루상량문이라……."

"예. 하늘나라에 광한전이라는 궁전을 짓고 축제를 준비하는 얘기를 상상해 써 보았어요."

난설헌이 또렷한 목소리로 대답했어.

글을 읽어 내려가는 허봉의 눈이 점점 커졌지.

"아름답고 화려한 문장이다. 하늘나라의 기이한 경관을 실제로 보는 듯하구나. 네 글재주는 하늘에서 주었나 보다."

오빠의 칭찬에 난설헌의 얼굴이 환해졌어.

난설헌이 여덟 살에 지었다고 알려진 이 글은 나중에 중국의 시인들에게까지 알려져 "정말로 신선이 백옥루를 거니는 것 같다."는 최고의 칭찬을 받기도 했지. 이때부터 난설헌은 '여신동'으로 널리 알려졌어.

조선 시대 선조 임금이 다스리던 당시 허엽이라는 학자가 있었어. 그는 청렴결백했으며 벼슬이 대사헌에까지 오른 인물이야. 허엽은 남에게 모진 말을 할 줄 모르는 순한 사람이었어. 자녀는 딸 셋, 아들 셋을 두었는데, 가족들에게도 좋은 아버지였던 것 같아. 여성들에게는 글을 가르치지 않던 시대에 딸도 공부할 수 있게 해 준 것을 보면 말이야.

허엽의 둘째 아들이 허봉이고, 그 아래가 허난설헌, 그리고 막내가 허균이야. 이들은 학문적으로 자유로운 집안에서 자라며 어려서부터 많은 책을 읽고 글을 지었어.

난설헌의 재주도 뛰어났지만, 허봉과 허균의 재주도 그에 뒤지지 않았어. 허봉은 일곱 살 때부터 글을 지을 줄 알았고, 머리가 좋아서 한 번 읽은 책은 잊어버리지 않았지. 허균도 태어난 지 아홉 해 만에 시를 지었는데, 여러 어른들이 그 글을 보고 "이 아이는 뒷날 마땅히 문장을

백옥루: 글을 쓰는 문인들이 죽은 뒤에 간다는 하늘나라의 누각. 누각은 문과 벽 없이 사방을 바라볼 수 있게 높이 지은 집을 말한다.
대사헌: 사헌부의 높은 벼슬. 사헌부는 관리들의 잘못을 조사하여 그 책임을 묻던 기관이다.

잘하는 선비가 될 것이다."라며 칭찬했다고 해.

  당시 사람들이 아버지 허엽과 큰형인 허성, 그리고 이들 삼남매를 더하여 '오문장가'라고 했다니 정말 재주가 뛰어난 집안이었던가 봐. 학문을 숭상하고 글짓기를 격려하는 분위기 속에서 서로서로 자극을 주며 발전해 나갔던 영향도 컸을 거야.

  어느 날 허봉은 두 동생을 자신의 방으로 불렀어. 방 안에는 낯선 남자가 앉아 있었는데, 얼굴이 못생기고 옷차림도 초라했어. 아직 어린 나이였던 허균은 곁눈질로 잠시 쳐다보고는 인사도 제대로 하지 않은 채 형에게 새로 지은 시에 대해 이야기했지. 그러자 허봉이 말했어.

  "시인이 이 자리에 와 있는데 제대로 예를 갖추지 않고……. 너는 일

> **이 달**
>
> 1539년 이수함의 아들로 태어났어. 아버지는 양반이었지만 어머니는 신분이 낮은 기생이었기 때문에 아무리 재주가 뛰어나도 벼슬길에 나아가지 못하는 설움을 안고 있지. 관직에 나아가지는 못했지만 시를 짓는 재주가 뛰어났던 이달은 마음이 맞는 친구들과 온 나라를 다니며 많은 시를 지었어. 자유분방한 성격으로 마음껏 세상을 떠돌며 살았지.

숭상: 높여 소중히 여김.

찍이 이달이라는 이름을 들어 보지 못했느냐?"

그러면서 그 초라한 행색의 남자에게 시 한 편을 부탁하자 즉석에서 아름다운 시가 흘러나오더래. 시를 듣자마자 허균은 머리를 숙여 사과했어.

"몰라 뵈어 죄송합니다. 용서하십시오."

이렇게 만난 이달은 난설헌과 허균에게 많은 영향을 드리우는 스승이 되지. 허봉의 친구이자 당시 사람들에게 시의 천재라고 불리던 이달은 학문이 깊고 매우 뛰어난 시인이었지만, 어머니의 신분이 낮아 벼슬을 할 수 없는 몸이었어. 나중에 허균이 양반 가문에서 태어났지만 어머니의 신분이 낮아 벼슬길에 오르지 못하는 홍길동을 주인공으로 해서 소설을 쓴 것은 아마도 이달의 영향일 거야.

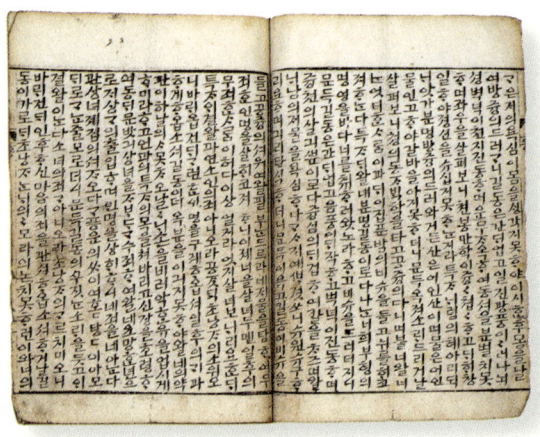

허균이 쓴 의적 홍길동의 이야기 《홍길동전》이야. 최초의 한글 소설로 널리 알려졌어.

열여덟 살에 과거에 급제한 허봉은 선조 임금에게 그 재주를 인정받으며 승승장구했지. 이십 대에 이미 중국에 사신으로 가서 명나라의 여러 선비들과 시를 주고받으며 그 이름을 높였고, 정4품의 높은 벼슬에까지 올랐어.

허봉이 이렇게 문장으로 이름을 높이고 있을 무렵 여동생인 난설헌은 결혼을 했어. 열여섯 살 즈음이었지. 좋은 집안의 아들에게 시집을 갔지만 난설헌의 결혼 생활은 행복하지 못했어.

학문과 재주가 난설헌에 못 미쳤던 남편은 글공부를 핑계로 자주 집을 비웠어. 또 집안일보다 시 쓰는 데 더 관심 있는 며느리를 시어머니도 그다지 곱게 보아 주지 않았던가 봐. 무엇보다 가장 큰 아픔은 난설헌이 낳은 어린 남매가 연이어 세상을 떠났다는 것이었어.

난설헌은 고통 속에서 글을 읽고 시를 쓰면서 자신을 지켜 나가려 애를 썼어. 현실이 너무 힘들었던 탓일까? 이 무렵 난설헌은 상상 속의 세상인 신선 세계에 대한 시들을 많이 지었어.

> 동궁 선녀들이 조회를 마치고는
> 꽃 아래에 함께 모여 골짜기로 놀러갔대요
> 옥봉우리에 기대어 한가로이 피리를 부는데
> 파아란 구름이 일어나 망천대를 돌아 날아갔어요

사신: 나라의 명령에 따라 다른 나라로 파견되는 신하.
명나라: 만주족이 세운 원나라를 몰아내고 중국의 한족이 세운 나라.

선녀들과 함께 골짜기로 놀러 가 옥으로 만든 봉우리에 기대어 피리를 부는 모습을 상상해 봐.

시 속에서 난설헌은 자유롭고 행복했어. 친구 하나 없이 별당에서 불행한 삶을 살고 있는 현실을 잊기 위한 방법이었을 거야. 그런데 그런 시들이 너무 훌륭해서 오히려 하늘나라가 난설헌의 진짜 고향이고 인간 세계에 잠시 머무는 것처럼 느껴질 정도였지. 중국의 유명한 시인조차도 난설헌에 대해 "그는 인간 세계로 우연히 귀양 온 선녀다."라고 했으니까.

친구도 없고 남편과의 사이도 좋지 않았던 난설헌에게 허봉과 허균은 유일하게 시를 주고받는 글 친구였어. 특히 허봉은 선물받은 귀한 붓과 먹 등을 보내며 난설헌에게 그림을 그리라고 조언했어. 아끼던 시집을 보내 주며 멋진 시를 쓰라고 당부하기도 했지.

〈누이에게 보내는 글〉
신선 나라에서 예전에 보내 준 문방사우
가을 깊은 규방에 보내어 경치를 그리게 한다
오동나무를 바라보며 달빛도 그려 보고
등불을 따라다니며 벌레나 물고기도 그려 보렴

문방사우: 선비들이 서재에서 쓰는 붓, 먹, 종이, 벼루의 네 가지 도구를 이르는 말.
규방: 양반 부녀자들의 방.

허봉이 난설헌에게 보낸 시야. 여동생을 아끼는 다정한 오빠의 마음이 느껴지니?

그런데 불행의 그림자는 허봉에게도 드리우고 있었어. 거침없이 바른말을 하는 성격 때문에 선조 임금의 미움을 받은 허봉은 함경남도 갑산으로 귀양을 가고 말았지. 난설헌은 귀양 간 오빠를 그리워하며 시를 지어 보냈어.

〈오라버니께〉

어두운 창가엔 촛불 나직한데
반딧불이만이 높은 담을 넘나들고 있습니다
고요하게 깊은 밤은 더욱 쌀쌀하고
가을 나뭇잎만 우수수 떨어지는군요
산과 물이 멀어 편지도 뜸하니
그지없는 이 시름을 풀 길이 없습니다
저 멀리 계신 오라버니를 그리고 있으려니
산 너머 덩굴 사이로 달빛만 비추입니다

오빠를 걱정하는 여동생의 마음이 전해지는구나. 허봉이 귀양 간 뒤 다행히 큰오빠인 허성과 막내 허균이 차례로 과거에 합격해 집안을 이끌어가기는 했지만, 허봉은 결국 귀양이 풀린 뒤에도 금강산과 백운산 등을 떠돌다가 병이 들어 죽고 말았어. 선조가 귀양은 풀어 주었지만 서울로 돌아오지는 못하게 했거든. 귀양지에서도, 또 이곳저곳을 떠돌면서도 계속 시를 썼던 그는 천여 편의 시를 남기고 세상을 떠났지. 그 가운데에는 두 동생에게 보낸 시들도 많았어.

오빠의 죽음이 너무 슬펐던 탓일까, 아니면 불행한 삶을 더 이상 견디지 못한 탓일까? 이듬해 난설헌도 세상을 떠나고 말아. 난설헌은 천여 편의 시를 지었다고 하는데, 세상을 떠나기 전 자신의 글들을 모두 불태워 버렸어.

그런데 난설헌의 시가 어떻게 전하느냐고? 좋은 질문이야! 난설헌의 시가 지금까지 전할 수 있는 것은 오롯이 동생 허균의 공이야. 누나의 재주를 아꼈던 허균이 예전에 누나가 보내 주었던 시들과 암기하고 있던 누나의 시 210여 편을 묶어 《난설헌집》을 엮었거든. 허봉이 한번 읽은 책은 잊어버리지 않았다는 얘기, 앞에서 했지? 허균의 기억력도 만만치 않았던 모양이야. 아무튼 이렇게 해서 우리나라 최초의 여성 시집이 태어난 거야.

허균은 이 원고를 자신의 스승인 유성룡에게 먼저 보내 머리말을 지어 달라고 부탁했어. 유성룡은 난설헌의 시를 칭찬하며 "어떻게 허씨 집안에 뛰어난 재주를 가진 사람이 이렇게 많단 말인가?" 하고 감탄했지. 하지만 임진왜란이 일어나는 바람에 시집이 정식으로 나오는 데에는 거의 20년이란 시간이 걸렸어.

임진왜란 당시 우리나라에 온 명나라 사신에게 허균이 누나의 시집을 보여 주면서 난설헌의 시는 중국에 널리 알려지기 시작했어. "허난설헌의 시는 마치 하늘에서 흩어져 떨어지는 꽃처럼 많은 사람들의 입에 오르내렸다."는 중국 기록이 전할 만큼 많은 책에 소개되었고 중국 시인들 사이에서 매우 유명해졌지.

허균은 이후에도 여러 권의 시집과 시 해설집 등을 엮어 내며 허봉과 난설헌, 그리고 스승인 이달의 시까지 널리 알렸어.

형과 누나보다는 오래 살았지만 허균의 삶도 행복했다고는 할 수 없을 거야. 임진왜란으로 사랑하는 아내와 아들을 잃는 불행을 겪어야 했

유성룡

1542년 유중영의 아들로 태어나 1607년 세상을 떠났어. 임진왜란이 일어나기 전 선조 임금에게 권율과 이순신을 추천했고, 전쟁이 일어나자 병조판서 등 최고 관직을 지내면서 위기에 빠진 나라를 구하기 위해 많은 애를 썼지. 이황의 제자이며 학자로서도 이름이 높았어.

거든. 그리고 다른 사람 눈치 안 보는 거침없는 성격 때문에 벼슬에서 쫓겨난 적이 여러 번이었어.

　오직 유교를 중시했던 조선 시대에 허균은 불교와 도교에 관심이 많아서 집안에 부처를 모시기도 했고, 또 신분이 낮은 서얼이나 천민들과 자주 어울렸어. 허균은 이들이 자신의 재능을 마음껏 펼칠 수 있는 세상을 꿈꾸었던 것 같아. 그리고 그 꿈 때문에 반역을 도모했다는 죄목으로 처형당하고 말았지. 소설 속의 홍길동은 자신이 꿈꾸었던 나라를 세우지만, 현실 속의 허균은 그 꿈을 이루지 못한 거야.

도교: 중국의 오래된 종교 가운데 하나로 신선을 믿는다.
서얼: 양반의 자손 가운데 첩에게서 태어난 사람. 조선 시대에 서얼은 과거 시험을 볼 자격이 없었다.

오늘은 얘기가 너무 무거웠나?
서로의 재능을 인정하고 이끌어 주었던
세 남매에 대한 얘기를 해 주려고 한 건데……
그래도 엄마는 이들이 불행했다고만은 생각하지 않아.
우선 뛰어난 재능을 갖고 태어났고,
그 재능이 세상에서 빛날 수 있도록
서로 알아주고 이끌어 주는 사람이 있었다는 건 큰 행운일 거야.
더구나 오랜 세월이 지난 지금까지도 많은 사람들이
그들의 작품을 읽으며 칭찬하고 있잖니.

오누이 허난설헌과 허봉, 허균

외로움 속에서 평생 친구로 남은 **형과 아우**

정약용과 정약전

형이 있으면 좋겠다고 생각해 본 적 없니?
한 번도 없다고? 왜?
아, 친구들을 보면 형들이 괴롭히고 때린다고?
동생을 못 살게 구는 형도 있지만,
세상 누구보다 좋은 친구가 돼 주는 형도 있는데…….
오늘은 누구보다 서로를 이해하고 아꼈던
정약용과 정약전 형제에 대해 얘기해 볼까?

정약용은 정조 임금이 매우 아끼던 학자였어. 실학을 집대성했고 《목민심서》를 비롯해 많은 책을 썼지. 정약전은 정약용의 형이야.

정약용은 다섯 형제 가운데 넷째인데, 둘째 형 약전과 가장 친했다고 해. 형제들 가운데 둘의 학문이 가장 높기도 했고 말이야. 정약용이야 성리학, 과학, 글쓰기 등 여러 분야에서 천재적인 능력을 보여준 조선 최고의 학자이니 더 말할 필요 없을 거야. 그리고 그런 정약용이 "나의 형님 정약전은 재질로 말하자면 나보다 훨씬 낫다. 머리가 좋아서 수학책을 보면 금방 이해하곤 했다."고 칭찬했을 정도였으니 정약전의 학문도 짐작할 수 있겠지?

실학: 나라를 부강하게 하고 백성들의 실생활에 도움을 주는 것을 목적으로 한 학문. 조선 후기에 등장했다.
성리학: 중국 송나라, 명나라 때 완성된 유학의 한 갈래. 우주의 원리를 탐구하는 학문이며 개인의 수양을 중요하게 생각했다.
소과: 과거의 한 종류. 소과에 붙으면 생원이나 진사가 되었으며, 대과를 볼 자격을 얻었다.
대과: 소과에 합격한 사람과 성균관 학생들이 볼 수 있었던 시험으로 대과에 붙으면 고급 관리가 될 수 있었다.

1783년의 일이야.

"형님, 축하드립니다. 소과에 합격하셨으니 이제 대과를 준비하셔야죠."

"너도 축하한다. 하지만 난 대과는 준비하지 않을 작정이다. 대과는 나의 길이 아닌 듯하구나."

"네? 무슨 말씀이신지……?"

형과 아우 정약용과 정약전

"나더러 길들여지지 않은 사나운 말 같다고 한 적이 있지? 그 말이 맞는 것 같다. 나는 딱딱한 유학 공부에 매달리지 않고 성호 이익 선생이 남기신 책들을 공부할 생각이다."

정약전과 정약용은 같은 해에 과거의 첫 번째 관문이라 할 수 있는 소과에 합격했어. 그러나 이후 다른 길을 선택하지. 정약용이 성균관에 들어가 정조에게 그 실력을 인정받으며 대과 준비를 했던 반면, 정약전은 벼슬에 뜻을 두지 않았어. 어려서부터 얽매이는 것을 싫어한 자유로운 성품이었거든. 그러다 보니 유학의 경전들보다는 천문학, 기하학 등 최신의 서양 학문에 관심이 있었지. 그러면서 천주교를 접하게 된단다. 우리나라에 처음으로 천주교를 받아들인 사람들이 정약용 형제의 친척들이어서, 자연스럽게 천주교에 관심을 갖게 된 거야. 처음에는 천주교를 새로운 학문으로 받아들였어.

그리고 이때까지만 해도 천주교는 나라에서 금지한 종교가 아니었어. 정조와 정치적으로 대립했던 노론 세력들이 정조의 총애를 받던 정약용 등을 견제하기 위해 천주교를 이용했던 거지.

이 얘기는 잠시 뒤에 다시 하기로 하고, 정약용 얘기로 돌아가 보자. 대과에 합격한 정약용은 주요 직책을 두루 맡으며 정조가 가장 아끼는 신하로 성장해 나갔어. 정조가 아버지인 사도세자를 위해 만든 화성을 설계하기도 했고.

1790년에는 정약전도 생각을 바꿔, 정조의 아들이 태어난 기념으로 열린 과거를 보아 벼슬길에 올랐어. 정조는 정약전의 재능도 높이 인정해서 나라의 큰 인재로 쓰려고 했지. 노론 세력들에게는 이들 형제가 눈엣가시였어.

그러다 갑자기 정조가 죽고 순조가 왕위에 오르자, 어린 순조를 좌지우지했던 노론 세력들은 천주교인이라는 이유로 정약용을 비롯해 정약전, 정약종 세 형제를 잡아들여 옥에 가두었어.

사실 이 무렵 정약전과 정약용은 이미 천주교 신자가 아니었어. 자신의 친척이기도 한 윤지충과 권상연이 부모의 신주를 불태우고 제사를 폐지한 사건에 충격을 받아 천주교를 더 이상 종교로 받아들이길 거부했거든. 단, 가장 늦게 천주교를 믿기 시작한 정약종만은 독실한 신자였지.

노론들도 그러한 사실을 알고 있었어. 그러나 그들에게 중요했던 것은 정조가 키운 정치 세력들을 완전히 몰아내는 것이었지. 결국 모진 고문 끝에 정약종은 목숨을 잃고, 정약전과 정약용은 유배형을 받았어. 정약용은 경상도 장기현(지금의 포항), 정약전은 전라도 신지도로 떠나야 했단다.

"형님, 우리 언제 다시 만날 수 있을까요?"

"꼭 살아서 만나자. 몸 건강해라."

성균관: 조선 시대 최고의 교육 기관.
노론: 조선 후기 정치 집단 가운데 하나. 숙종 때에 송시열을 중심으로 당을 이루어 이후 조선의 정치를 좌지우지했다.
신주: 죽은 사람의 영혼을 모시는 나무패.

"형님도 몸 건강하시고 무슨 일이 있더라도 살아서 돌아오십시오."

심문을 당하느라 망가질 대로 망가진 몸을 이끌고 두 형제는 작별 인사를 나누었어. 묵묵히 뒤따라오던 맏형이 두 형제를 끌어안았지.

귀양지에서 정약용의 숙소는 아주 좁고 낮았어. 아침에 일어나면 머리가 천장에 닿고 밤에 겨우 무릎을 펼 수 있을 정도였다니 얼마나 좁은지 상상할 수 있겠지? 그런데 그런 불편함보다 더 큰 어려움은 아무도 찾는 사람이 없다는 거였어. 어린 머슴이 지나가다가 고향이 어디냐고 묻거나 때때로 장기를 두자고 찾아오는 이웃집 노인은 있었지만, 양반들은 아무도 그에게 다가오지 않았어. 괜히 화를 당할까 두려웠던 거지.

고문의 후유증이었을까, 낯선 곳에서 느끼는 외로움 때문이었을까? 정약용은 귀양 온 직후 크게 앓은 적이 있었어. 그는 의학 책을 보고 스스로 약초를 달여 병을 치료했지. 그런 그를 보고 마을 사람이 부탁했어.

"지금까지 저희들은 병이 들면 무당을 부르고, 그래도 효험이 없으면 뱀을 먹고, 그래도 효험이 없으면 그냥 죽어갈 수밖에 없었습니다. 선생님은 의학 책을 보고 약을 지으시니 저희들이 볼 수 있는 처방을 알려 주시면 이 후미진 지방에 큰 은혜가 될 것입니다."

그 부탁을 듣고 정약용은 《촌병흑치》라는 의학 책을 썼어. 시골에서 잘 걸리지만 치료법이 제대로 알려져 있지 않은 병에 대한 처방을 모아

놓은 책이야.

그렇게 유배지에 적응하고 있던 어느 날 갑자기 들이닥친 금부도사가 다시 정약용을 체포해 서울로 끌고 가는 일이 생겼어. 조카사위인 황사영이 베이징에 있는 주교에게 보내는 편지를 갖고 있다가 잡혔기 때문이었지. 편지에는 천주교가 조선에서 얼마나 박해를 받고 있는지와 함께 서양의 군사들을 데려와서 조선 국왕을 압박하라는 충격적인 내용이 실려 있었어. 또다시 죽음을 각오할 수밖에 없는 상황이 된 거야. 다행히 황사영과 관련 있다는 증거가 발견되지 않아 목숨은 부지할 수 있었지만 이 일로 황사영은 죽음에 이르렀고, 정약용과 정약전은 다시 먼 유배길에 올라야 했단다.

정약전은 흑산도, 정약용은 강진으로 가게 되었어.

나주까지 함께 온 두 형제는 헤어지기 전날 잠을 이루지 못했다고 해.

초가 주막 새벽 등 푸르스레 꺼지려 해서
일어나 샛별 보니 이별할 일 참담하구나
두 눈만 뜬 채 묵묵히 두 입 다 할 말 잃어
애써 목청 다듬건만 나오는 건 오열뿐
흑산도 머나먼 곳 바다와 하늘뿐인데
형님께서 어찌 그곳으로 가시겠소

금부도사: 조선 시대에 임금의 명령에 따라 중한 죄인을 조사하는 일을 맡아보던 벼슬.
주교: 천주교에서 한 지역을 맡아 관리하는 신부.

정약용은 자신보다 더 먼 바닷가 외딴 섬으로 유배를 가는 형이 걱정이었어. 그렇게 시작된 유배 생활은 자그마치 19년이나 계속되었지. 그곳에서 정약용은 오직 학문에 매달렸어.

"한 번 고향을 떠난 이후로 다시 천지 사이에서 더욱 외로운 홀몸이 되어 이 몸과 서서 이야기할 자도 없게 되자, 문을 닫아걸고 죄수처럼 머리도 빗지 않고, 오로지 옛 성인이 세운 학설의 미묘한 뜻을 찾았습니다."

정약용이 쓴 편지의 한 구절이야. 정약용은 단순히 유학의 경전들을 읽고 해석한 게 아니라, 현실을 개혁할 방법들을 연구했지. 유배지에서 만난 백성들의 삶이 너무나 고단했거든.

정약용은 백성들이 잘 사는 새로운 세상을 위한 개혁 방안들을 연구해 많은 책을 썼어. 《경세유표》, 《목민심서》, 《흠흠심서》 등 백여 권이 넘는 책들을 썼지. 길고 고단한 유배 생활이 정약용 개인에게는 큰 불행이었지만, 다산학이라는 방대한 학문이 완성될 수 있었던 바탕이 된 셈이야.

정약용이 유배 생활 동안 학문에 집중했던 반면, 정약전은 백성들의 삶 속으로 들어갔어. 어부들과 술도 마시고 마을 사람들과 어울리며 그

성인: 지혜와 덕이 높아 본받을 만한 사람.
다산학: 정약용의 호인 다산에서 비롯된 이름으로 정약용이 이룬 학문을 말한다.

들과 함께 살아갔지. 귀한 신분이었지만 잘난 체하지 않고 자신이 가진 지식을 이용해 많은 도움을 주어서 섬사람들이 서로 자기 집에 있어 달라고 싸울 정도였어.

그러다가도 정약용이 편지를 보내 학문적인 질문을 하면 놀랄 만한 수준의 답변들을 써 보냈다고 해. 또 정약용은 책을 쓰면 꼭 정약전에게 먼저 보내 읽기를 부탁했는데, 그때마다 정약전은 의견을 덧붙여 정약용이 책을 완성하는 데에 도움을 주었지.

그렇게 동생의 질문에 답변하는 과정에서 《논어난》과 《자산역간》이라는 책을 쓰기도 했지만, 정약전이 유배지에서 이룬 최고의 작품은 《자산어보》라는 책이야. '현산어보'라고도 부르지. 물고기에 대한 백과사전이라고 할 수 있는 이 책을 쓰면서도 형제는 서로 의견을 나누었어.

정약전이 물고기에 대한 책을 쓴다는 소식을 들은 정약용은 이런 조언의 편지를 썼어.

"이 책은 매우 뛰어난 책으로 하찮게 여길 일이 아닙니다. 그림은 어떻게 하시렵니까? 글로 쓰는 것이 그림을 그려 색칠하는 것보다 나을 것입니다. 학문의 주요 내용에 대해 먼저 그 대강을 정한 뒤 책을 저술하여야 유용하게 될 것입니다."

결국 정약전은 동생의 조언을 받아들여 그림을 그리려던 애초의 계획을 변경하고 물고기에 대해 글로 설명하는 책을 완성하지. 어부들과 함께 생활하며 자신도 모르는 바다 생물들이 너무나 많다는 사실에 놀란 정약전은 새로운 생물들을 접할 때마다 그 특징을 꼼꼼히 기록하고 섬사람들에게 물어 그들의 살아 있는 지식을 정리했어. 또 겉모습뿐 아니라 내부 형태에 관심을 보이기도 했고, 먹을 수 있는 것들은 직접 먹어 보고 그 맛까지 기록했지. 우리나라 바다에 살고 있는 바다 생물에 대한 구체적인 연구서는 이 책이 처음이라고 할 수 있어.

정약전이 흑산도에서 쓴 《자산어보》야. 우리나라 바다에 살고 있는 바다 생물에 대해 자세히 쓰여 있어.
정약전은 흑산도에 살면서 자신이 먹거나 본 물고기에 대해 꼼꼼히 기록하고, 어부들에게 직접 물어보며 바다 생물들을 연구했어. 《자산어보》는 조선 시대의 바다 생물과 지금의 바다 생물을 비교하는 데 꼭 필요한 자료야.

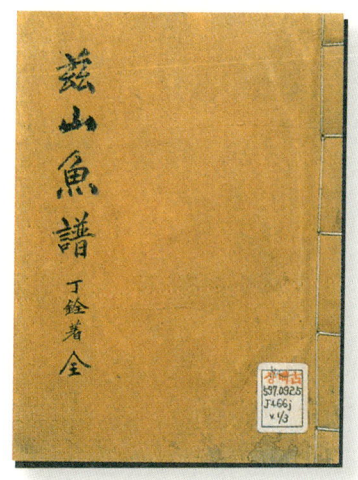
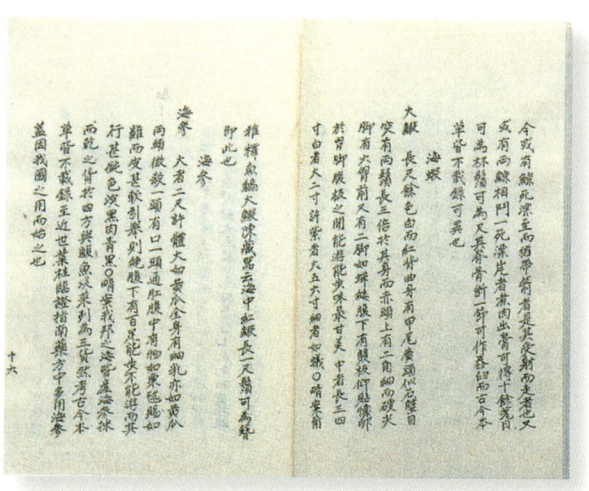

엄마도 가 보지는 못했지만 강진의 뒷산에 올라가면 멀리 흑산도가 보인대. 정약용은 자주 이 산에 올라가 바다 너머 형님이 계신 섬을 바라보고 서 있었다고 전하지. 그렇게 두 형제는 서로 그리워했지만 만날 수는 없었어. 죄인의 신분이어서 유배지를 벗어날 수 없었거든. 그저 편지를 통해 서로의 건강을 걱정하고 학문을 논의했단다.

　그러던 1814년, 정약용의 유배를 풀어 주라는 결정이 내려졌어. 그 소식이 흑산도의 정약전에게도 전해졌지. 정약전은 동생의 유배가 풀리면 반드시 자신을 보러올 것이라 생각했어. 그런데 아무리 생각해도 흑산도까지 오려면 뱃길이 너무 먼 거야. 우이도까지 와서 다시 배를 타야 했으니까.

　정약전은 동생을 보고 싶은 마음에 우이도로 가려고 했어. 우이도도 흑산도라고 불렸기 때문에 거기까지 가는 것이야 법을 어기는 일은 아니었거든.

　그런데 문제는 흑산도 사람들이었어. 이미 흑산도 사람들에게 정약전은 없어서는 안 될 존재였거든. 섬사람들은 밤에 몰래 도망치듯 섬을 빠져나간 정약전을 따라가 다시 흑산도로 데리고 왔지. 겨우겨우 하소연해서 우이도로 옮겨와 동생을 기다렸지만 기다리던 동생은 오지 않았어. 아니 못 왔지. 유배를 풀어 주라는 결정이 내려졌지만 반대파들이 석방 명령서를 보내지 않고 있었던 거야.

(위)정약전이 머물던 흑산도의 바다야. 정약전은 저 바닷가에서 동생 정약용을 그리워하기도 하고, 《자산어보》를 쓰는 데 필요한 물고기들을 찾아보기도 했겠지? (아래)강진에 있는 다산 초당이야. 정약용이 유배되었을 때 제자들과 함께 학문을 연구하던 곳이지. 본디 초가집이었는데 오십여 년 전에 기와를 이었어.

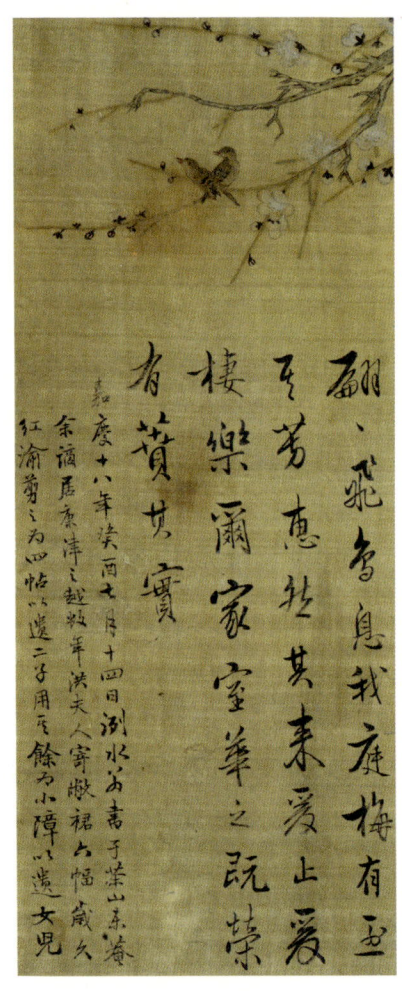

정약용의 〈매화병제도〉야.
정약용이 강진에 있을 때 부인 홍씨가
보낸 빛바랜 헌 치마를 잘라 그림을 그려
아들에게 주고 남은 것으로 만들었다는
작은 병풍 그림이란다.

동생을 기다리던 정약전은 결국 우이도에서 세상을 떠나고 말아. 그 소식을 들은 정약용은 형의 장례식에 참석하지도 못한 채 통곡할 수밖에 없었지. 형을 잃은 슬픔에 대해 정약용은 아들에게 보낸 편지에서 이렇게 전했어.

"외롭기 짝이 없는 이 세상에서 형님만이 나의 지기가 되어 주셨는데 이제 그분마저 잃었구나. 앞으로는 학문으로 얻어지는 수확이 있더라도 누구에게 입을 열어 말하겠느냐. 사람이 지기가 없다면 죽은 목숨이나 마찬가지다. 아내가 나를 알아주지 않고, 자식이 알아주지 않고, 형제나 집안사람들이 알아주지 않는데 나를 알아주는 분은 세상을 떠났으니 어찌 슬프지 않으랴. 책 240권을 새로 써서 책상 위

지기: 자신의 속마음을 알아주는 친구라는 의미로, 지기지우(知己之友)라는 말에서 비롯되었다.

에 보관해 두었는데, 장차 그것들을 불사르지 않을 수 없겠구나."

정약용과 정약전은 형제이자 친구이며 학문적 동반자였어. 서로를 알아주는 지기이자 첫 번째 독자이기도 했고 말이야. 정약전이 세상을 떠나고도 2년이나 더 지나서 정약용의 석방 명령서가 도착했고, 고향에 돌아온 정약용은 더 이상 벼슬에 나아가지 않고 글쓰기에 몰두하다가 1836년 일흔다섯의 나이로 세상을 떠났지.

태영이도 정약전 같은 형이 있었으면 좋겠다고?
갑자기 엄마가 형을 하나 낳을 수도 없고 어떻게 하지?
그래, 꼭 친형이어야만 하는 건 아니야.
사촌형이어도 좋고 또 학교나 학원에서 만난 형들도 괜찮지.
의형제라는 것도 있잖아.

역사의 혼란 속, 늘 함께였던 친구

이항복과 이덕형

동윤이랑 잘 놀았니?
태영이는 동윤이랑 놀 때 제일 즐거워 보이는 것 같네.
그래, 마음 맞는 단짝 친구가 있다는 건 정말 좋은 일이지.
그럼 오늘은 조선 시대 가장 친했던
두 친구의 이야기를 해 볼까?

오성과 한음이라고 들어봤지? 그래, 지난번에 읽었던 동화책에 나왔지. 장난꾸러기 두 친구의 이야기 말이야. 오성이 바로 이항복이고 한음이 이덕형이야. 동화책에는 어린 시절 꾀 많은 장난꾸러기 친구들로 나와 있지만, 사실은 좀 달라.

역사책을 찾아보면 두 사람은 나이 차이도 다섯 살이나 되고, 같은 서울이긴 했지만 살던 동네도 달라서 어렸을 때에는 서로 만나지 못했을 거야. 둘 다 어린 시절부터 총명하기로 이름나 있었으니 소문으로나마 서로 이름은 알고 있었을지 모르지만 말이야.

그런데 우연일까? 두 친구의 어린 시절 이야기가 비슷하단다.

친구 이항복과 이덕형

이항복은 1556년 10월 15일 밤 서울에서 태어났어. 그런데 태어나서 3일 동안 울지를 않더래. 형조판서를 지낸 아버지가 답답해서 용한 점쟁이를 찾아갔더니 이렇게 말하는 거야.

"축하드리오이다."

"아니, 태어난 아기가 3일 동안 울지를 않는데 축하한다니 무슨 소리인가?"

"걱정 마시옵소서. 3일이 지나자마자 우렁차게 울 것이옵니다. 게다가 도련님은 아주 높은 자리에 오를 사주를 타고났사옵니다."

점쟁이 말대로 아기는 3일 뒤에 울었고 부모들은 몹시 기뻐했지. 또한 자랄수록 지혜롭고 재주가 뛰어나서 아버지는 늘 "항복이가 우리 가문을 빛내줄 것이다."라며 자랑했다고 해.

5년 뒤인 1561년 2월 12일 서울에서 이덕형이 태어났어. 이덕형이 여섯 살 무렵 아버지를 따라 아버지의 외가가 있는 시골에 머물렀는데, 하루는 지나가던 점쟁이가 아이들과 놀고 있는 덕형을 보고는 아버지 어디 계시느냐고 묻더래. 아버지를 만난 점쟁이는 물었어.

형조판서: 조선 시대 법률과 형벌에 대한 일을 담당하던 기관의 책임자. 지금으로 치면 법무부 장관을 말한다.
사주: 태어난 때에 따라 그 사람의 운명을 알아보는 점.

"이 외진 시골에서 무엇을 하고 계시는지요?"

"잠시 세상사를 떠나 쉬고 있다네."

아버지는 무슨 이유로 자신을 찾았는지 물어보았어.

"도련님은 마흔이 되기 전에 정승이 될 귀한 인상이옵니다. 이렇게 산골에 묻혀 두실 것이 아니라 어서 서울로 돌아가 글공부를 시키시옵소서."

덕형의 아버지는 서둘러 서울로 돌아와 덕형에게 글을 가르치기 시작했어. 가르칠수록 아들의 총명함에 놀랐단다.

두 사람 다 어린 시절부터 뭔가 비범한 구석이 있었던가 봐.

이항복은 어린 나이에 큰 슬픔을 겪어야 했어. 아버지가 갑작스럽게 돌아가신 거야. 항복은 형과 함께 삼년상을 치렀어. 조선 시대에는 부모님이 돌아가시면 그 무덤 옆에 움집을 지어 놓고 거친 음식을 먹으며 3년을 보냈지. 슬픔이 컸던 때문인지 삼년상을 지낸 뒤 항복은 글공부를 멀리하고 집 밖으로 나도는 일이 많아졌어. 그러면서도 마음이 착해서 해진 옷을 입은 아이를 보면 자신의 새 옷과 바꿔 입고, 한겨울에 맨발로 다니는 아이를 보면 신발을 벗어 주기도 했대.

그렇게 열다섯 살이 되던 해, 보다 못한 어머니의 꾸짖음에 정신을 바짝 차리고 공부에 몰두했지만, 다음 해 어머니마저 세상을 떠나 고아

정승: 고려와 조선 시대에 관리들 가운데 가장 높은 관직을 이르는 말로 조선 시대에는 영의정, 좌의정, 우의정의 3정승이 있었다.

가 되고 말아. 항복은 다시 어머니의 삼년상을 치른 뒤 본격적으로 공부에 전념하기 시작했어. 율곡 이이의 제자가 되어 1580년 과거에 급제하고 벼슬길에 오르지. 당시 이항복의 나이는 스물다섯 살이었어.

이때 두 친구는 처음 만나. 같은 해 이덕형도 과거에 급제했거든. 이항복이 부모님 두 분의 삼년상을 치르고 방황하느라 늦게 과거에 급제하여 비록 다섯 살이나 나이 차이가 나지만 둘은 과거 동기생으로 만나게 된 거야.

두 친구는 그해 과거 합격자들 가운데 가장 뛰어난 인재였어. 그러면 서로 적이 되는 경우도 있지만 이항복과 이덕형은 금방 마음을 터놓는 친구가 되었다고 해. 첫 번째 벼슬도 같은 것을 받았고. 그러니까 첫 직장의 동료가 된 거지.

사실 두 사람은 성격이 매우 달라. 이항복은 호탕하고 유머가 있던 반면, 이덕형은 신중하고 과묵한 선비였다고 하니까 말이야. 우리가 동화책에서 읽었던 꾀 많은 장난꾸러기는 거의 이항복의 어린 시절 이야기에서 나온 것들이야.

마당에 있던 감나무의 가지가 옆집 담을 넘어가자 옆집 하인들이 그 감을 자기네 감이라고 우기며 따 먹는 것을 보고는, 옆집 어른의 방 문틈으로 주먹을 쑥 내민 뒤 "이 손이 어르신의 손이옵니까? 제 손이옵니

까?"라고 물었다는 얘기 기억나지?

그 집 어른이 "당연히 네 손이지 그게 어찌 내 손이겠느냐?" 하고 대답하자, "그런데 감나무의 나뭇가지가 담을 넘어갔다고 그 감을 몽땅 가져가면 어찌하나요?" 이렇게 되물었다는 얘기지.

옆집 어른은 어린 소년의 꾀와 담력에 껄껄 웃으며 하인들에게 감을 돌려주라 이른 것은 물론, 후에 그 소년을 사위로 삼지. 그때 소년이 이항복이고, 옆집 어른이 임진왜란 때 큰 공을 세운 권율 장군이야.

이항복과 이덕형은 벼슬길에 나아가서도 단연 두각을 나타냈어. 벼슬길에 나아간 지 얼마 되지 않아 선조의 공부를 도울 선비들을 선발하라는 지시가 있었어. 그 책임자는 율곡 이이였는데, 이이는 이항복과 이덕형을 포함해 모두 다섯 명의 이름을 선조에게 올렸어. 너무 어린 선비들을 추천했다는 반대 의견들이 많았지만, 율곡은 "이유 없이 어진 신하를 숨겨둘 수 없다."며 그대로 밀어붙였고, 선조 또한 매우 기뻐했지.

선조는 이 두 신하를 무척 총애했던 것 같아. 하루는 이항복과 이덕형이 서로 아비라며 실없는 농담을 주고받는 것을 선조가 들은 거야. 장난기가 발동한 선조는 누가 아비이고 누가 자식인지 가려 주겠다고 했지. 그러고는 다른 신하에게 종이 한 장에는 '父(아버지 부)'를, 또 다른 한 장에는 '子(아들 자)'를 쓰라고 했어. 그런 뒤 두 사람에게 고르라고 했지.

'父'를 고른 이덕형이 "제가 아비입니다."라며 기뻐했어.

그런데 이항복도 싱글벙글 웃는 거야.

선조가 물었어.

"'子'를 집었을 텐데 무엇이 그리 좋아 웃는가?"

이항복은 무릎 위에 '子'자를 올려놓고는 이렇게 대답했어.

"전하 덕분에 아들 하나를 더 얻어 무릎에 앉혔으니 어찌 기쁘지 않겠습니까?"

그 말에 선조와 이덕형은 물론 옆에 있던 다른 신하들도 다 함께 웃었대. 아무래도 재치와 우스갯소리는 이항복이 한 수 위였던 거 같지?

두 사람은 앞서거니 뒤서거니 빠른 승진을 거듭했어. 조정에 나아간 지 10여 년이 지났을 무렵, 이항복은 도승지로 임명되어 임금을 가장 가까이에서 모셨고, 이덕형은 뛰어난 문장을 인정받아 조선 역사상 최연소로 대제학에 올랐어. 서른한 살의 나이에 대제학에 올랐다는 것은 이덕형의 학문이 그만큼 인정을 받았다는 뜻이지. 평화로운 시절이었다면 두 사람의 앞날은 탄탄대로였을 거야.

그런데 그 무렵 조선에는 검은 그림자가 드리우고 있었어. 정치하는 사람들이 동인과 서인으로 나뉘어 서로 싸우는 동안 일본을 통일한 도

도승지: 조선 시대 왕의 비서실이라고 할 수 있는 승정원의 가장 높은 벼슬.
대제학: 예문관과 홍문관의 최고 책임자를 말하는데, 보통 학문이 가장 높은 사람이 맡아 그 명예가 대단했던 벼슬이다.

요토미 히데요시가 호시탐탐 조선을 넘보고 있었거든.

1592년 4월 마침내 임진왜란이 일어났어. 조총으로 무장한 왜군은 순식간에 지금의 부산인 동래성을 함락시키고 서울로 쳐들어왔어. 선조를 비롯한 조정의 신하들은 부랴부랴 북쪽으로 피난을 가야 했지. 그 어려운 시기에 이항복은 병조판서를 맡아 임금의 피난길을 지켰고, 이덕형은 구원병을 보내온 명나라, 그리고 적국인 왜와의 외교를 맡아 동분서주 쉴 새 없이 뛰어다녀야 했어.

명나라에 구원병을 요청하러 이덕형이 떠나던 날, 이항복이 전송을 하러 나왔지.

"고단한 길을 자네 혼자 보내는구먼. 잘 다녀오게."

"고단함을 느낄 틈이 있겠는가. 날쌘 말로 이틀 길을 하루에 가지 못하는 것이 한일 뿐이네."

그 말에 이항복은 자신이 타고 있던 말을 내주며 말했어.

"구원병을 데려오지 못하면, 나를 쌓인 시체 더미에서나 찾을까, 살아서는 만나지 못할 것이네."

이덕형도 말했지.

"구원병을 데려오지 못하면, 나는 뼈를 명나라에다 버리고 다시는 압록강을 건너지 않을 것이네."

나라의 운명을 건 임무를 맡아 무거운 마음으로 길을 떠나는 이덕형과 힘든 길을 떠나는 친구를 배웅하는 이항복은 마지막일지도 모르는 이별에 눈물을 흘려야 했지.

　임진왜란이 끝나고 선조의 뒤를 이어 광해군이 왕위에 올랐어. 광해군은 왕이 되면서부터 줄곧 이항복과 이덕형에게 영의정, 좌의정, 우의정의 삼정승을 번갈아 내리며 옆에 두고 싶어 했지만, 이항복과 이덕형은 계속 거절하며 조정에서 떠나려고만 했어. 형제를 죽이고 어머니를 가두는 정치판에 더 이상 발을 담그기 싫었기 때문이지.
　광해군은 임진왜란 때 많은 공을 세워 왕위를 물려받았지만, 큰아들도 아니었고 후궁의 몸에서 태어난 왕자였어. 선조에게는 큰아들인 임해군도 있었고 정식 왕비에게서 난 아들인 영창대군도 있었지. 그런데 임해군은 성격이 포악했고, 영창대군은 너무 어렸어.
　광해군이 왕이 되자 그를 도왔던 세력들은 임해군과 영창대군을 죽였어. 그리고 영창대군의 어머니인 인목대비를 궁에 가두었지. 인목대비는 친어머니는 아니었지만 새어머니였기 때문에 어머니를 벌할 수는 없는 거라고 반대하는 신하들이 많았어. 이항복과 이덕형도 그랬고 말이야.
　인목대비를 쫓아내야 한다는 주장들이 나왔을 때 이덕형은 영의정이었어. 이덕형은 자신의 목숨을 걸고 이에 반대한다는 상소를 올렸어.

후궁: 임금의 부인 가운데 왕비가 아닌 여자.

아래위 그림 모두 이덕형이 명나라에 구원병을 요청하러 가는 길을 그림으로 남긴
〈항해조천도〉야. 험한 바닷길도, 멀고 먼 육지길도, 구원병을 데려오지 못하면 자신의 뼈를
명나라에 묻겠다는 이덕형의 각오를 막지는 못했어.

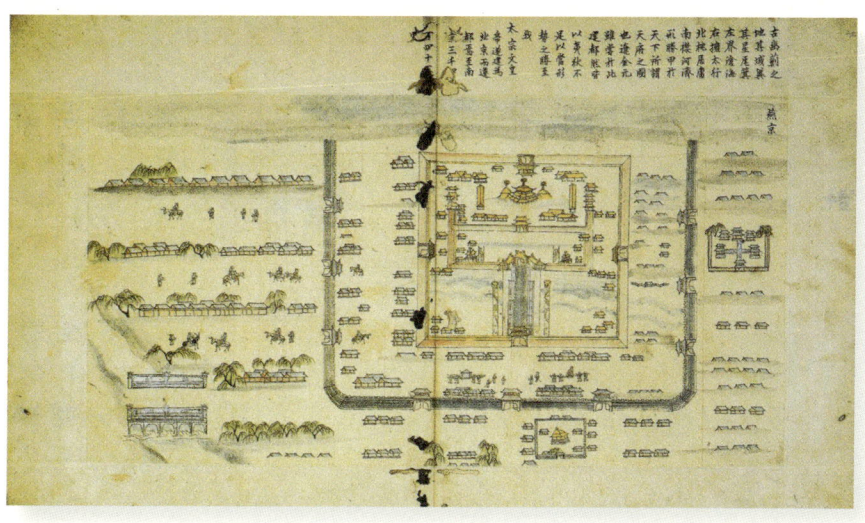

이덕형이 광해군의 신임을 받는 것을 못마땅해 하던 반대파들은 이를 기회로 삼아 이덕형을 죽여야 한다고 주장했고, 광해군은 관직을 빼앗고 서울에서 추방하는 것으로 일을 마무리지었지. 이때 이항복 역시 반대파들의 **탄핵**을 받아 서울에서 쫓겨나 있었기 때문에 이덕형에게 힘이 되어 주지 못했어.

시골로 내려온 이덕형은 날마다 천장만 쳐다보며 나라를 걱정하다 결국 병을 얻어 세상을 떠나고 말아. 이항복은 부랴부랴 달려와 직접 친구의 장례를 치러 주었지. 촉망받던 젊은 시절과 고단했던 임진왜란, 그리고 혼란스러웠던 광해군 시대를 함께 헤쳐 오면서 늘 같은 편이었던 친구의 죽음에 아무 말도 하지 못하고 눈물만 흘렸다고 해.

이때 이항복이 지은 **애도**의 시가 한 편 전하는데 들어볼래?

외진 산 숨어들어 말없이 지내다가
흐느끼며 남몰래 한원군(이덕형)을 곡하노라
애도의 말마저도 다 하지 못하거니
사람들 살피면서 말 꾸미기 좋아하네

애도의 말마저도 다 하지 못할 정도라는 부분이 당시 이덕형과 이항복이 처했던 상황을 짐작하게 해.

탄핵: 죄를 들어 탓함.
애도: 사람의 죽음을 슬퍼함.

그 뒤 이항복도 인목대비를 내쫓으면 안 된다는 내용의 상소를 올렸다가 유배되어 쓸쓸히 눈을 감았지.

누군가 이항복에게 이렇게 물은 적이 있었어.

"대감과 한음 대감 두 분의 우정은 세상이 모두 아는 일입니다. 그런데 친형님이신 이송복 대감과 한음 대감 둘 중에 어느 분과 더 가까우셨습니까?"

한참 있다가 이항복은 이렇게 대답했어.

"나를 알아주는 지기로서는 한음이 더 나은 듯하네."

형제보다 더 가까운 친구였다니.
그런 친구를 가진 이덕형과 이항복이 부럽구나.
사실 평생 친구를 가진다는 건 쉬운 일이 아니야.
서로 많이 노력해야 얻을 수 있는 귀한 선물이지. 그치?
너는 동윤이랑 평생 동안 좋은 친구가 될 거라고?
그래, 엄마도 그랬으면 좋겠다.

다른 결정도 존중할 수 있었던 **선배와 후배**

정몽주와 정도전

오늘은 무슨 일로 우리 태영이가 이렇게 열심히 책을 읽을까?
게임도 안 하고 말이야.
민석이 형처럼 경시대회에서 1등 하고 싶다고?
형이 책을 많이 읽어서 똑똑하다는 건 엄마도 알지.
어쨌든 좋은 일이다. 자극을 줄 수 있는 멋진 선배가 옆에 있다니…….
네 말을 듣고 있자니 갑자기 두 사람이 떠오르네.
정몽주와 정도전이라고.
고려 말의 유명한 학자들 이야기야.

고려 말, 이색이라는 대학자가 있었어. 열세 살에 과거에 합격하고 스물여섯 살에 원나라에 사신으로 갔다가 원나라 과거에 연거푸 1, 2등으로 합격했다고 하니 국제적인 천재였나 봐. 이색이 원나라에서 성리학이라는 새로운 학문을 배우고 돌아오자 이를 배우기 위해 많은 제자들이 모여들었는데, 정몽주와 정도전은 그런 선비들 가운데서도 가장 우수한 학생이었단다.

"이름 높은 선생을 이렇게 만나 뵈니 영광입니다."
정도전이 정몽주를 처음 만났을 때 정몽주는 과거에 세 번 연이어 1등으로 합격하며 이름을 높이고 있을 때였어. 정몽주가 정도전보다 다

원나라: 몽골이 송나라를 무너뜨리고 중국에 세운 나라. 뒷날 명나라에게 쫓겨 북쪽으로 달아나서는 북원이라 하였다가 멸망했다.

섯 해 먼저 태어났으니 두 사람은 십대 후반에서 이십대 초반의 나이에 만났을 거야.

이 무렵 정몽주는 정도전에게 조언을 해 주지.

"시와 문장은 재주에 불과하네. 여기에 시간을 쏟기보다는 새로운 학문에 집중하게. 《대학》과 《중용》이라는 책에 그 길이 있네."

정도전은 바로 두 책을 구해 읽으며 성리학 공부에 온 힘을 기울였어. 글을 읽다가 의심나는 부분이 있으면 정몽주에게 달려가서 물었고 그때마다 정몽주는 성의껏 대답해 주었지. 나중에 정도전이 남긴 글을 살펴보면 스승 이색에 대한 존경보다 정몽주에 대한 애정을 표현한 내용이 훨씬 많아. 아마 정도전에게 학문적으로 가장 많은 영향을 미친 사람이 누구였냐고 물었다면 정몽주라고 대답했을걸.

이 책은 《해동명적》인데, 유명한 선비들의 글씨를 탁본해 모아 둔 거야. 정도전의 글씨도 있어.

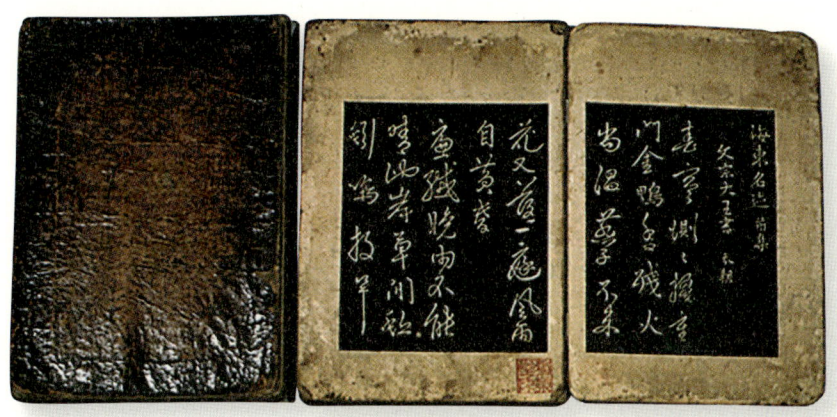

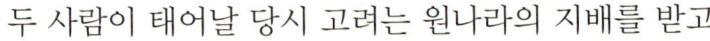

두 사람이 태어날 당시 고려는 원나라의 지배를 받고 있었어. 원나라는 자기네 공주를 고려의 왕비로 들여 고려 왕을 원나라의 사위로 만들었어. 그 핑계로 고려의 정치에 관여하고, 공물이라며 많은 물품들을 빼앗아 갔지.

이때 권력을 잡고 있던 귀족들은 원나라의 비위를 맞추면서 자신들의 권력을 유지하느라 백성들을 돌보지 않았어. 시간이 지날수록 귀족들은 점점 더 부자가 됐고 백성들의 삶은 점점 어려워졌지.

그러던 중 공민왕이 등장하자 고려에 새로운 바람이 불기 시작해. 원나라의 힘이 점차 약해지고 있음을 꿰뚫어 본 공민왕은 원나라에 반대하는 정책을 쓰면서 고려를 새로운 나라로 만들려 했어. 이때 공민왕의 개혁을 뒷받침할 새로운 인재들로 이색과 그의 제자들이 뽑혔는데, 당연히 정몽주와 정도전도 함께였지. 성리학 이론에 밝고 도덕적으로도 깨끗한 이들은 원나라의 영향에서 벗어나 고려를 개혁하겠다는 데에 뜻을 함께한 동지들이었던 거야.

그런데 공민왕의 개혁은 실패로 끝나고 말아. 사랑했던 왕비가 아이

공물: 나라의 필요로 인해 각 지방에서 걷었던 특산물.

선배와 후배 — 정몽주와 정도전

를 낳다가 죽자 공민왕은 너무나 슬퍼한 나머지 정치에서 손을 놓아 버렸거든. 결국 공민왕은 신하들의 손에 죽고, 어린 우왕이 즉위하면서 권력은 다시 옛 귀족들에게 넘어가지. 이들은 다시 원나라와 손을 잡고 자신들의 권력을 지키려 했어. 정도전과 정몽주를 비롯한 젊은 선비들은 이에 대해 격렬하게 반대하다 유배를 가게 돼.

그나마 정몽주와 다른 선비들은 1년 정도 있다가 유배가 풀려 다시 벼슬길에 오를 수 있었지만, 정도전은 10여 년이나 어려운 시절을 견뎌야 했지. 미운털이 단단히 박혔던가 봐.

정도전은 직접 밭을 갈고 먹을 것을 걱정해야 하는 백성들의 삶을 경험하면서 단순히 고려를 개혁하는 것으로는 백성들의 삶이 나아질 수 없다고 생각하게 돼. 백성들의 마음, 곧 민심이 이미 고려를 떠났음을 안 거지.

정도전이 힘든 시절을 보내고 있던 이 무렵에도 정몽주와 정도전은 함께하지 못함을 안타까워하며 서로 편지를 주고받았어.

마음을 같이한 벗이
각자 하늘 한구석에 떨어져 있네
때때로 생각이 여기에 미치면
저절로 사람을 슬프게 하네

정도전이 정몽주에게 보낸 시의 한 구절이야. 한 사람은 나주에, 또 한 사람은 언양에 유배되었던 당시의 마음을 그리고 있지. 이 무렵 정도전은 정몽주가 보내준 《맹자》라는 책을 하루에 한 장, 두 장씩 아껴 가며 읽기도 했어.

"자네가 나를 좀 도와주어야겠네."

벼슬길에서 멀어진 지 10여 년이 지날 무렵 정도전에게 다시 중요한 기회를 준 것은 정몽주였어. 무슨 말인가 하면, 점차 세력을 키워 가던 명나라에서 고려에 시비를 걸어온 거야. 공민왕이 죽은 뒤 다시 원나라와 손을 잡으려는 게 못마땅했던 게지. 명나라는 5년 동안 밀린 조공을 바치지 않으면 쳐들어 오겠다고 협박을 했어.

조공: 중국 주변에 있는 나라들이 정기적으로 중국에 보내던 예물.

고려의 조정은 발칵 뒤집혔지. 누군가 명나라에 가서 외교적으로 이 문제를 풀고 와야 하는 상황이었어. 곧 명나라 황제의 생일잔치도 다가오고 있었거든. 근데 괜히 잘못 갔다가 명나라의 화를 돋울지도 모르는 일이고, 또 생일잔치에 맞춰 도착하기에는 시간이 너무 모자라니 다들 눈치만 보고 있었지.

그때 세력을 잡고 있던 귀족들이 정몽주를 추천했어. 정몽주가 예전에도 어려운 외교 문제를 처리한 일이 있었을 뿐 아니라 자칫 명나라에 가서 화를 입으면 자신들의 눈엣가시를 없앨 수 있을 테니까 어찌됐든 손해 볼 건 없다고 생각했지.

나라에 대한 충성심이 높았던 정몽주는 이를 받아들인 뒤 정도전을 자신과 함께 갈 사신으로 뽑았어. 어려운 문제를 함께할 동지로 정도전에 대한 믿음이 있었던 거야.

"제 힘이 필요한 일이라면 무엇이든 성심껏 돕겠습니다."

두 사람은 그날로 명나라를 향해 떠났어. 밤낮을 가리지 않고 쉼 없이 달린 끝에 명나라 황제의 생일 이틀 전에 도착할 수 있었지. 그리고 뛰어난 문장과 외교력으로 명나라와의 문제를 해결했어. 개경에 돌아오기도 전에 정도전에게 정3품의 벼슬이 내려졌고, 정몽주도 그 실력을 다시 한 번 인정받았지.

그렇긴 해도 여전히 원나라와 손을 잡아야 한다는 옛 귀족들의 힘이 명나라와 가깝게 지내야 한다는 새로운 선비들보다 더 셌어.

　명나라가 지금의 함경남도 부근을 차지하겠다고 우기면서 고려의 조정은 다시 의견이 둘로 나뉘게 돼. 우왕과 최영 장군 등 친원파들은 전쟁이 불가피하다고 판단했고, 이성계를 비롯한 친명파들은 이것은 원나라를 견제하기 위한 압박일 뿐이니 외교적으로 해결하자고 했지.
　결국 우왕은 이성계에게 5만 명의 군대를 주며 요동 정벌을 명령했어. 하지만 군대를 이끌고 떠났던 이성계는 압록강에 있는 섬 위화도에서 군대를 돌려 와 최영과 우왕을 처형하고 권력을 잡았어. 오랜 싸움 끝에 친원파들을 물리치고 친명파들, 곧 고려의 옛 귀족들 대신 새로운 선비들이 조정을 장악한 거야.
　정몽주와 정도전은 함께 승리의 기쁨을 나누었지. 지금까지 이 둘은 분명 같은 곳을 보고 달려온 동지였어. 그런데 이후 정몽주와 정도전은 서로 목숨을 건 싸움을 벌이게 돼. 무엇이 이 둘을 갈라놓았던 것일까?
　이성계와 정도전을 중심으로 한 급진파들은 이제 고려는 운이 다했으니 새로운 나라를 세워야 한다고 판단한 반면, 정몽주를 중심으로 한 온건파들은 개혁을 하되 고려를 무너뜨릴 수는 없다고 생각했거든. 수많은 고비를 넘기며 생사를 함께했던 동지들이었지만, 마지막 갈림길에서 서로 다른 선택을 한 거지. 그리고 각자의 신념에 따라 선택한 길

급진파와 온건파: 목적이나 뜻을 빨리 실현하고자 하는 무리를 급진파라 하고, 너무 빠르지 않게 천천히 개혁하자는 무리를 온건파라 한다.

은 두 사람을 적으로 만들고 말았어.

정몽주는 조국인 고려를 무너뜨리려는 정도전 일파를 용서할 수 없었고, 이미 쇠약해진 고려 대신 새로운 나라를 세우려는 정도전에게 정몽주는 넘어야 할 산이었어.

정몽주는 이성계가 말에서 떨어져 거동하지 못하는 틈을 타 정도전을 비롯한 이성계의 측근들을 잡아 가두고 죽이려 했어. 이때 이성계의 셋째 아들인 이방원이 벽란도에서 치료받고 있던 이성계를 급히 개경으로 데려온 거야. 많이 다친 줄 알았던 이성계가 돌아오자 마음이 급해진 정몽주는 문병을 핑계로 직접 이성계의 상태를 살피러 찾아갔어. 이 기회를 놓치지 않은 이방원은 돌아가던 정몽주를 선죽교에서 죽이고 말았어. 반대 세력이 없어진 이성계는 3개월 뒤 새로운 나라 조선을 세우지.

정도전은 조선이 건국되자 1등 공신에 이름이 오르고 많은 땅과 노비를 상으로 받았어. 이후 정도전은 '조선의 설계자'라는 말을 들을 정도로 나라를 세우는 데 많은 역할을 담당했지. 이성계도 술에 취하면 "정도전이 아니면 내가 어찌 오늘 이 자리에 있을 수 있겠는가." 하며 그 공을 인정했을 정도였으니까.

조선의 2인자가 되어 막강한 권력을 휘두르던 정도전은 재상이 중심이 되는 나라를 꿈꿨어. 현명한 임금도 있지만 그렇지 못한 임금도

공신: 나라를 위하여 특별한 공을 세운 신하.
재상: 임금을 돕고 모든 관리들을 지휘하는 일을 맡아보는 최고 책임자.

개성에 있는 선죽교야. 이방원은 조선 건국에 방해가 되는 정몽주를 이곳에서 죽여 버렸어.

있을 수 있으니, 임금이 백성을 잘 다스리려면 뛰어난 재상의 도움을 받아야 한다는 생각이었지.

반면 이방원은 그런 정도전을 매우 못마땅하게 생각했어. 이방원은 나라의 권력이 안정되려면 왕의 힘이 강해야 한다고 생각했거든. 조선을 건국하는 데 큰 공을 세운 자신 대신 어린 동생이 세자가 된 것도 불만이었고.

결국 이방원은 정도전을 비롯한 아버지의 측근들을 죽이고 권력을 장악하지. 그런 뒤 둘째 형을 왕위에 올렸다가 결국 형의 양보를 받아 자신이 왕위에 올라 조선 3대 왕인 태종이 되었어.

그러고 보니 정몽주와 정도전 모두 이방원의 손에 목숨을 잃었다는 공통점이 있네. 그 뒤 이방원의 뜻에 따라 두 사람의 평가는 극과 극을 달리게 돼.

조선 초기에 백성들의 충성심이 필요했던 이방원은, 정몽주를 '고려를 마지막까지 지키려 했던 충절의 대명사'로 만들며 칭찬했어. 하지만 정도전에 대해서는 '왕실을 업신여긴 간신'이라며 용서하지 않았어. 조선 시대 내내 조선 건국을 반대한 정몽주는 '충신'으로, 조선 건국을 도왔던 정도전은 '간신'으로 평가받았지. 정도전이 '조선의 설계자'로 인정받기 시작한 건 요즈음 들어서의 일이야.

선배와 후배 — 정몽주와 정도전

오늘 얘기 재미있었니?
음…… 사실은 좀 슬픈 얘기야.
서로 아꼈던 선후배가 적이 되는 이야기니까.
정몽주와 정도전도 그런 선택을 하면서 많이 고민했을 거야.
하지만 결국 자신의 뜻에 따라 가야 할 길을 선택했고,
또 그 길에서 최선을 다했으니 후회는 없었을 거라 생각해.

다른 자리에서도 같은 꿈을 꾼 스승과 제자

이익과 안정복

선생님이 전근 가셔서 기분이 몹시 우울한가 보구나.
선생님이 너를 인정해 주시는 것 같다고 좋아했던 게 기억나네.
위로가 될지 모르겠지만, 오늘은 서로 마음과 학문을 나누었던
스승과 제자에 대해 얘기해 줄게.

1746년 10월의 일이야. 당시 서른다섯 살이었던 안정복은 경기도 광주의 집을 나섰어. 10년이나 벼르던 일을 더는 미룰 수 없다고 생각했거든. 중간에 하루를 묵어가며 지금의 경기도 안산인 첨성리에 도착했지.

"여기가 성호 이익 선생님 댁이냐?"

안정복은 마당에 있던 머슴에게 물어 확인한 뒤 말에서 내려 옷매무새를 가다듬었어. 그러면서 얼핏 올려다보니 집은 기둥 여섯 개에 방 두 칸인 소박한 모습이었어. 머슴이 안내해 준 방으로 들어선 안정복은 예의를 갖춰 절을 올렸지.

"나이 마흔이 되도록 배움의 방향을 잡지 못하고 있습니다. 선생님의 학문이 깊다는 얘기는 일찍이 들었으나 10년을 마음에만 품고 있다가 이제야 찾아뵈었습니다."

예순여섯의 이익은 공손하게 답례하며 미소를 지었어.

대대로 명문가였던 여주 이씨 집안에서 태어난 이익은 당쟁 때문에 두 살 때 아버지를 잃었어. 더욱이 믿고 의지하던 둘째 형마저 역적으로 몰려 죽음을 당하자, 벼슬을 포기한 채 고향에서 학문과 농업에 몰두했지. 다행히 이익의 집안에는 아버지가 청나라에 사신으로 다녀오면서 사 가지고 온 수많은 책들이 있어서 공부하기에 부족함이 없었어.

그렇게 평생 고향을 떠나지 않고 몰두한 학문은 성리학을 넘어서 역사, 지리, 민속, 의술까지 넓고 깊었어. 서양의 천문학, 기하학, 의학, 심리학 지식도 상당했다고 하니 대단하지?

이익은 그런 지식들을 바탕으로 백성들이 더 잘 사는 나라를 만들기 위한 방법들을 찾고 또 많은 책을 썼지. 그는 실생활에 도움을 주지 못하는 학문은 가치가 없다면서 성리학에만 빠져 있는 선비들에게 쓴소리를 했어. 이익이 실제 정치에 나아가지 않았기 때문에 그의 사상들이 당시 현실에 바로 적용되지는 못했지만, 수많은 제자들이 그 영향을 받아 이후 실학의 큰 물줄기를 형성하지. 물론 안정복도 그 제자 가운데

당쟁: 조선 시대에 관리들이 서로 집단을 이루어 정권을 다투던 일.
역적: 나라나 임금을 배반한 죄인.

조선 후기의 풍속화로, 김홍도의 그림 〈벼타작〉이야. 곰방대를 물고 거만하게 누워서 소작료를 받는 양반 지주와 땀 흘리는 소작농의 모습이 참 다르지?

한 사람이고.

자, 다시 두 사람이 처음 만나던 날로 돌아가 볼까? 인사를 나눈 뒤 두 사람의 대화는 바로 학문에 대한 것으로 넘어갔어. 주로 안정복이 물어보고 이익이 대답하는 방식이었는데, 처음 만났지만 두 사람의 생각은 많은 부분 일치했던가 봐. 저녁상이 들어올 때까지 이야기는 계속되었지.

"반찬이 변변치 않으나 어서 드시지요."

이익은 아들뻘인 안정복에게 예의를 갖춰 식사를 권했어.

저녁상에 올라온 반찬은 새우젓 한 종지와 무김치 한 접시, 호박국이 전부였대. 평생 벼슬길에 나아가지 않았으니 재산이 넉넉할 리 없었지. 하지만 이익은 이것을 부끄러워하지 않았어. 오히려 양반입네 하고 일하지 않는 자들을 나무라며 스스로 농사를 지었고 평생을 검소하게 살았지.

저녁상이 나간 뒤에도 두 사람의 얘기는 계속되어 새벽닭이 울 무렵에야 나란히 잠자리에 들었어. 잠시 눈을 붙인 뒤 다시 이야기를 나누다가 아침 식사를 한 뒤 안정복은 하직 인사를 드렸지.

이익은 하룻밤 사이 많은 이야기를 나눈 안정복에게 이런 당부를 덧붙였어.

"그대는 나이가 젊고 기력도 왕성하니 지식을 쌓는 데에 힘써야 하오. 지식이 쌓이면 가는 길이 평탄할 것이오."

고향으로 돌아오는 길 내내 스승의 말이 안정복의 마음에서 떠나지 않았어.

안정복은 엄청난 책벌레였나 봐. 안정복이 남긴 글 가운데, '화가 나다가도 글만 읽으면 좋고, 병이 났다가도 읽기만 하면 나아졌다'는 부분이 있거든. 그런데 안정복의 집에는 책이 별로 없었어. 안정복은 양반이기는 했지만 집안이 그리 넉넉한 편은 아니었던 것 같아.

책을 좋아하는 안정복이 할 수 있는 방법은 다른 사람의 책을 빌려다 열심히 베껴 쓰는 것이었어. 아무리 작은 글씨라도 마다하지 않고 밤낮으로 베껴 썼지. 병난다고 가족들이 말리고 친구들이 비웃어도 날마다 책을 읽고 베껴 썼어. 그렇게 오랫동안 온 힘을 기울인 끝에 대강 필요한 책들을 갖출 수 있었단다. 안정복은 정말 뿌듯했어.

그리고 재미있는 것은 안정복의 방에 있었던 두 개의 큰 바구니에 대한 얘기야.

처음 그 방을 찾은 사람들마다 물었지.

"저 바구니들은 무엇에 쓰는 물건인가?"

"하나는 초서롱이고 또 하나는 저서롱이라고 하네. 초서롱에는 다

른 사람들의 책을 보면서 찾은 자료들을 모아 두고, 또 저서롱에는 내 생각을 기록한 종이들을 담아 두지."

대단한 독서광, 메모광이었던 것 같지? 안정복이 수많은 저서를 남길 수 있었던 것은 바로 이러한 읽기와 기록의 힘이었던 것이 분명해. 이렇게 혼자 공부하던 안정복은 서른세 살 무렵 유형원의 책을 접하면서 역사와 학문에 대한 안목이 깊어졌어.

이듬해인 1747년 안정복은 다시 이익을 찾아가 하루를 묵었고, 그다음 해에는 이틀을 머물렀어. 그리고 1751년 다시 이익을 찾아가 그날은 바쁜 일이 있었는지 당일로 돌아왔지.

두 사람은 이후에 전혀 만나지 못했어. 모두 합하면 나흘 정도의 시간을 함께 보냈을 뿐이지. 그럼에도 두 사람은 서로의 학문을 나누고

유형원

우리나라 실학의 아버지라고 할 수 있는 사람이야. 《반계수록》이라는 유명한 책을 남겼는데, 그 안에는 현실을 개혁하는 여러 가지 방안이 담겨 있지. 이익도 유형원의 저술을 통해 영향을 받았던 학자 가운데 한 사람이니까, 이익과 안정복이 처음 만나 대화를 나누어도 서로 마음이 통했던 이유에는 유형원이라는 마음속의 스승도 큰 역할을 했을 거야.

정신을 공유했어.

  사실 사람과 사람이 서로 이해하고 인정하는 데 꼭 많은 시간이 필요한 것은 아닌 것 같아. 반나절의 만남으로도, 아니 어쩌면 몇 마디의 대화로도 저 사람의 마음이 나와 닮았다는 걸 느끼는 경우가 있거든. 율곡 이이와 퇴계 이황도 딱 이틀 밤을 함께 지내면서 서로 학문을 이야기한 적이 있지. 이후 이이는 이황을 스승으로, 이황은 이이를 '나이를 떠나 사귀는 벗'으로 여겼다고 해.

  이익과 안정복도 네 번의 만남만으로 자신들이 서로에게 매우 중요한 존재임을 알았던 것 같아. 물론 그것으로 두 사람의 교류가 끝난 것은 아니야. 서로 얼굴을 보지는 못했지만, 수십 통의 편지를 주고받았지.

> "선생님을 뵈온 지 6년이 지났습니다만 직접 모신 기간은 며칠에 불과합니다. 그래도 버리지 않으시어 비록 잠깐 모시고 말 한 마디 나누는 사이에도 정성스러운 가르침과 큰 은혜가 친자식을 대하는 것과 다를 바 없습니다. 그런데 이번에 보내주신 편지를 보니 글씨의 획이 떨려 어렵게 근근이 쓰셨음을 짐작하겠습니다. 병환이 얼마나 중하신지 걱정이옵니다."

이렇게 안부를 걱정하는 편지를 주고받기도 했지만, 두 사람의 편지 가운데 가장 중요한 것은 학문에 대해 나눈 의견들이야.

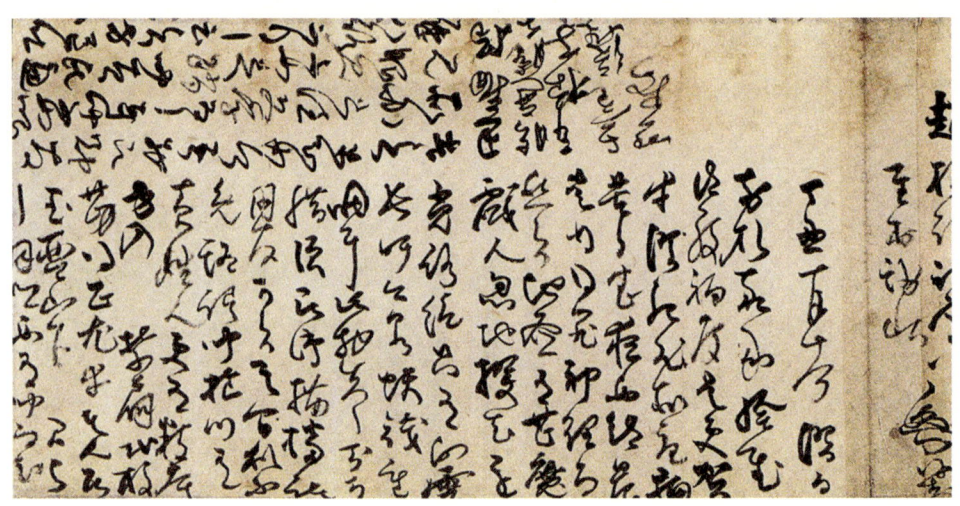

이익의 편지글이야. 이익과 안정복은 오랫동안 편지를 주고받으며 학문을 연구했어. 이들의 편지만 모아도 꽤 많은 양이겠지?

　제자는 공부를 하다 의문 나는 점이 있으면 스승에게 예의를 갖춘 편지를 올려 질문했고, 성실한 제자에게 감동을 받은 스승은 정성을 다해 대답해 주었지. 제자는 스승에게 단순한 지식을 넘어 학문을 연구하는 방법을 배웠고, 더 나아가 생활에 필요한 학문을 통해 나라를 위해 힘써야 한다는 실학의 근본정신을 배웠어.

　안정복 역시 스승과 마찬가지로 성리학 연구는 기본이고 천문, 지리, 군사, 종교까지 폭넓게 책을 읽고 연구했지만, 가장 관심을 가진 것은 역사학이었어. 안정복은 어린 시절 할아버지와 어머니의 영향을 많이 받았는데, 할아버지와 어머니 모두 역사에 관심이 많았다고 해. 특히 할아버지는 중국의 역사서를 많이 읽었지. 자연히 안정복도 어린 시절부터 역사에 관심이 많았어.

어느 날 안정복은 스승에게 이런 편지를 보냈어.

"우리나라의 역사는 계통이 서 있지 않고, 또한 의문이 나는 점을 분석하여 진실을 확실히 가리려는 노력도 없었습니다. 학자들은 수천 리 우리 국토에 수천 년이나 전해온 역사의 자취를 어둠 속에 묻어둔 채 돌아보려 하지 않습니다. 재능이 있는 사람이라면 주저하지 말고 우리 역사를 써야 하지 않겠습니까?"

그때까지 우리 역사에 대해서는 깊이 있는 연구가 이루어지지 않았거든. 이 편지에 스승은 대답했지.

"실은 나도 우리나라의 역사를 쓸 예정이지만 헛되이 시간을 보내어 이렇게 늙을 때까지 착수하지 못한 것이 유감스럽기 그지없네."

그러면서 안정복에게 우리 역사에 대한 책을 써 보라고 권유했어.

이렇게 해서 시작된 책이 《동사강목》이야.

안정복은 《동사강목》을 쓰면서 궁금한 점이 있으면 스승에게 편지를 통해 묻고, 또 초고를 보내 잘못된 점을 지적해 달라고 부탁했어. 스승은 자신이 못 이룬 작업을 하는 제자의 편지에 정성을 다해 응답하며 따뜻한 말로 격려했지.

그때까지 있었던 우리 역사서들은 《삼국사기》나 《고려사》를 그대로 베끼거나 요약한 것이 대부분이었는데, 《동사강목》은 국내 자료 43종, 중국 자료 17종 등 옛 기록들을 서로 비교, 대조해 가며 썼어. 우리나라에서 처음 과학적인 방법으로 연구한 역사책이라 할 수 있지.

안정복이 쓴 책이긴 하지만 이익의 도움이 매우 컸지? 반대로 이익의 가장 중요한 저서인 《성호사설》에도 안정복의 정성이 한 아름 담겨 있어.

이 책이 바로 《성호사설》이야. 이익은 토지 제도를 개혁해야 농업이 바로 서고, 농민이 안정되게 생활할 수 있다고 주장했어. 이후 실학자들에게 큰 영향을 미치지.

초고: 처음 쓴 원고. 수정을 통해 완성된다.

안정복은 스승님이 가끔 써 놓는 글들을 책으로 묶어 보자고 강력히 권유했어. 그런데 이익의 글들은 워낙 양이 많아서 정리하기가 만만치 않았어. 안정복은 자신이 해 보겠다고 나섰어. 스승은 흔쾌히 그 제안을 받아들였어. 그만큼 안정복을 믿었다는 뜻일 거야.

"애초에 이 글들이 책이 되리라고는 생각하지 않았네. 40여 년 전부터 보고들은 것을 생각나는 대로 적어 본 것일 뿐 다시 읽어 본 적도 없고, 근래에 집안사람들이 옮겨 적고는 있으나 빠뜨리거나 잘못 베낀 것도 수없이 많네. 따라서 말이 되지 않는 부분은 전부 없애고 모두 정리하여 간략하게 했으면 하네."

안정복은 정리한 글들을 다시 스승에게 보내 검토를 부탁했어. 그 글을 읽어 본 스승은 다시 답신을 보냈지.

"정리한 것이 더할 나위 없이 훌륭하니. 그렇게 신중하게 다루어 주니 미안할 뿐이네."

이렇게 해서 완성된 이익의 《성호사설》은 모두 30권에 이르는 대작으로, 그때까지 이루어진 실학의 성과를 정리하여 이후 후배들에게 전해 준 매우 중요한 책이지.

1763년 이익이 여든셋의 나이로 세상을 떠났을 때 안정복은 병을 앓고 있어서 장례에 참석하지 못했어. 대신 아들을 보내며 스승 앞에 글을 올렸지.

"소자를 선생님의 제자로 받아 주신 뒤 18년 동안 선생님의 얼굴을 뵌 적은 드물었지만 손수 편지를 써 가르쳐 주신 것은 빈번하였습니다. 늘 명예를 감추고 실질에 힘쓰는 공부를 하라고 하셨지요. 부지런히 가르쳐 주셨으나 아직도 어리석음을 깨치지 못하고 있습니다. 《성호사설》에서 번잡스런 부분들은 덜어내라 이르셨는데, 책이 완성되기도 전에 부음을 받고 말았으니 남겨진 책을 끌어안고 더욱 슬퍼합니다."

비록 함께한 시간은 나흘밖에 안 됐지만, 서로 신뢰하고 또 서로의 마음과 학문을 나누었던 스승과 제자였어.

부음: 사람이 죽었다는 것을 알리는 말이나 글.

너는 선생님이랑 반년을 함께했으니
그리 적은 시간이라고는 할 수 없을 거야.
너를 인정해 주시는 선생님과 헤어진다고 슬퍼하지만 말고
앞으로 해야 할 일은?
그래, 선생님께 편지 쓰기.
편지가 조금 부담스럽다면 이메일도 괜찮겠지.

편견을 벗고 서로를 이해한 **임금과 신하**

세종과 장영실

지금까지 엄마랑 한국사 속 두 사람의 여러 관계에 대해 얘기해 봤지?
아버지와 아들, 엄마와 아들, 할아버지와 손자, 형제, 남매, 친구…….
오늘은 그 마지막 이야기로, 임금과 신하에 대한 얘기를 하려고 해.
우리 역사상 과학적 이해가 가장 깊었던 왕과
그를 도와 조선의 과학을 세계 최고 수준으로 끌어올린
천재적인 과학자에 대한 얘기야.

"어서 먹어라."

"예."

밥상에는 평소 구경조차 하기 어려웠던 고기반찬에 나물 들이 정갈하게 차려져 있었어. 그러나 열 살 소년은 눈물을 참느라 밥을 제대로 삼킬 수가 없었지. 말은 하지 않았지만 이것이 어머니가 차려 주시는 마지막 밥상이라는 것을 알고 있었거든.

내일 아침이면 소년은 관청에 소속된 노비가 되어 집을 떠나야 했어. 소년의 어머니가 관기, 곧 관청에 소속된 기생이어서 그 자식도 평생을 노비로 살아야 했던 거야. 아버지가 원나라 출신의 기술자라는 얘기도 있고 또 정3품의 관직을 가진 양반이라는 얘기도 있지만, 부모 중

신분제: 혈통, 가문에 따라 사회적 대우, 직업 등이 결정되는 제도.

한 사람이 노비이면 그 자녀들도 노비라는 게 당시 조선의 법이었어.

바로 이 소년이 신분제 사회인 조선에서 가장 낮은 신분인 천민이었다가 실력으로 조선 최고의 과학자가 되는 장영실이야.

총명하고 손재주가 뛰어났을 뿐 아니라 성실했던 장영실은 동래현(지금의 부산)의 관노가 되어서도 온갖 기구들을 고치고 만들어 그 소문이 자자했었나 봐. 어느 날 관찰사가 영실을 불렀어.

"임금님께서 신분에 관계없이 학문과 실력이 뛰어난 자를 추천하라는 명령을 내리셨구나. 네 재주가 뛰어나니 서울로 올라가거라."

"나리, 고맙습니다. 정말 고맙습니다."

이렇게 해서 장영실은 궁궐의 기술자가 되었어.

장영실이 궁궐에 들어왔을 때 임금은 태종이었어. 많은 사람들이 세종이 장영실을 처음 궁으로 불렀다고 알고 있는데, 관노였던 장영실에게 기회를 준 것은 세종의 아버지인 태종이야.

태종에게는 아들이 네 명 있었는데, 어질고 학문이 깊은 셋째가 왕위를 물려받았어. 이 셋째 아들이 세종이야.

세종은 배우기를 좋아해서 책이 손에서 떠난 적이 없었고, 몸이 아플 때에도 독서를 멈추지 않았다는 기록이 전해.

왕이 되어서도 신하들이 건강이 상할까 걱정할 정도로 많은 책을 읽으며 공부에 힘썼지. 공부하는 분야도 넓어서 유학 경전과 역사뿐만 아니라 천문, 언어, 농업, 음악 등 다양한 분야의 책을 읽었어. 세종은 그렇게 쌓인 지식을 토대로 조선의 법과 제도, 문화를 새롭게 창조했던 거야.

세종이 왕위에 오른 뒤 가장 먼저 한 일은 책을 좋아했던 왕답게 금속 활자를 고치는 것이었어. 태종 때 만든 구리 활자가 있긴 했지만, 크기가 들쭉날쭉했고 인쇄하는 데 불편한 점이 있었거든.

당시 책을 인쇄하려면 틀에 활자를 배열한 뒤 그 위에 먹을 바르고 종이를 뒤집어 찍어내야 했단다. 그런데 태종 때 만들어진 활자들은 틀

금속 활자: 글을 인쇄하기 위해 구리, 철, 납 등을 녹여 만든 글자틀. 사각형 나무틀에 금속활자를 배열한 뒤 그 위에 먹을 바르고 종이를 뒤집어 찍어냈다.

에 배열하는 방식에 문제가 좀 있었어. 양초 성분인 밀납을 붓고 거기에 활자를 고정하려고 아랫부분을 뾰족하게 만들다 보니 몇 장 인쇄하다 보면 활자가 삐뚤삐뚤해져서 다시 고정을 시켜야 했던 거야. 하루에 열 장 정도밖에 인쇄할 수가 없었지.

세종은 이런 문제점을 지적하며 활자를 개량할 것을 명령했어. 이때 책임자는 이천이라는 과학자였고, 장영실은 기술자로 참여했지. 이들은 몸체의 네 면이 반듯한 활자를 만들었어. 그러자 배열판에 더 단단히 고정할 수가 있었고, 이 기술로 하루에 20장을 인쇄할 수 있게 되었

조선 시대에 사용한 한글 금속활자야.
뒷면이 뾰족해 사용하기 힘들었던 것을 이천과 장영실이 개량했어.
뒷면이 네모나고 평평한 것이 활자의 뒷면이야.

단다.

그로부터 10여 년 뒤 다시 한 번 활자를 개량해 이번에는 하루에 40장을 인쇄할 수 있는 기술을 얻었다고 하니 세종 대에 인쇄의 기술이 엄청나게 발전했다고 할 수 있겠지? 그 중심에는 장영실이 있었어. 이렇게 해서 세종은 엄청난 양의 책들을 찍어낼 수 있었고, 이를 기반으로 조선의 문화는 한층 성숙해졌지.

왕위에 오른 지 3년째 되던 해인 1421년, 세종은 남양부사 윤사웅, 부평부사 최천구와 함께 장영실을 불러 혼천의라는 천문 관측 기구에 대한 의견을 물었어. 여기에서 장영실은 세종이 감탄할 만한 대답을 했던가 봐.

"영실이 비록 신분은 낮으나 재주가 민첩해 따를 자가 없구나. 세 사람은 중국에 들어가서 각종 천문 기계를 모두 눈에 익혀 오너라. 그런 뒤 가능한 한 빨리 조선에서도 하늘을 연구할 수 있는 기계들을 만들도록 하라."

세종은 백성들의 생활이 안정되려면 농업이 발달해야 하고, 농업이 발달하려면 절기와 시간을 정확하게 파악하고 가뭄과 홍수 등 자연재해에도 적절히 대비할 수 있어야 한다고 생각했어. 그러기 위해서는 하늘을 살피는 천문학이 중요했지.

그래서 천문학에 밝은 사람들을 뽑아 중국 유학을 보내기로 했는데, 거기에 관노 출신 장영실이 들어간 거야. 세종 초기 이미 장영실의 기술은 당대 최고라는 인정을 받았기 때문이겠지. 엄격한 신분제 사회였던 조선에서 관노를 불러 학문에 대해 묻고 유학까지 보내 준 세종 또한 대단한 임금이지?

중국의 선진 과학을 공부하고 이듬해 귀국한 장영실은 먼저 수동 물시계인 경점기를 보완했어. 그 공으로 상의원 별좌에 임명되었지. 노비의 신분을 벗고 공식 관직에 오른 거야.

그리고 1432년 세종은 천문 관측 기구 제작을 위한 대규모 사업을 시작해. 책임자는 정인지와 이천이었고, 장영실은 천문 관측 기구를 제작하는 일을 맡았어.

장영실은 작업에 착수한 지 1년 만에 혼천의를 만들었어. 그리고 해시계인 앙부일구도 만들었지. 솥같이 생긴 반구 속에 침이 한가운데 우뚝 솟아 그림자의 길이에 따라 절기와 시간을 알 수 있게 만든 장치야.

그런데 해시계는 밤이거나 흐린 날이면 무용지물이잖아. 또 수동 물시계인 경점기가 있기는 했지만 매번 사람이 시계를 보고 있다가 종을 쳐서 알려야 하는데, 그 일을 하는 사람이 가끔 졸거나 실수를 하는 경우가 있었어. 태양도 사람도 필요 없는 시계가 있어야 했지.

상의원: 조선 시대에 임금의 옷과 궁중에서 쓰이는 물건을 관리하던 관청.
별좌: 조선 시대에 각 관아에 두었던 5품 벼슬.

1434년 장영실은 마침내 정교한 자동 물시계인 자격루를 완성했어.

"전하, 이제 곧 오시가 되옵니다."

자격루를 처음 세종에게 선보이던 날 장영실의 가슴은 쿵쾅쿵쾅 심하게 뛰었어. 세종은 숨을 죽인 채 이 새로운 과학 기구에서 눈을 떼지 않았지. 자격루의 커다란 항아리에서 흘러 나온 물이 아래에 있는 작은 항아리로 흘러 들어가는 소리만 들렸어.

다시 작은 항아리에서 나온 물이 그 아래에 있는 기다란 물통으로 흘러 들어가자 물이 차오르면서 잣대의 눈금이 오시를 가리켰어. 그러자 물통의 잣대 안에서 구리 구슬이 떨어져 오른쪽에 있는 커다란 기구 안으로 굴러 들어갔지. 굴러 들어간 구리 구슬이 여러 장치를 작동시키는 소리가 들리더니, 시를 맡은 인형이 종을 울렸어. 그 아래 작은 네모 창에서는 말머리 모양을 한 인형이 오시를 표시한 팻말을 들고 나왔지.

"오, 정말 신기하구나!"

세종은 몹시 기뻐하며 말했어.

"나의 가르침이 있었다고는 하나, 장영실이 아니면 도저히 해내지 못했을 일이다. 원나라 순제 때에 저절로 치는 물시계가 있었다 들었지만, 그 정교함이 이에 미치지 못했을 것이다. 대대로 전할 물건을 만들었으니 그 공이 작지 않으므로 호군의 관직을 더해 주고자 한다."

오시: 오전 11시부터 오후 1시 사이의 시간.

호군은 정4품의 벼슬이야. 그리고 그해 7월 1일부터 자격루는 조선의 표준 시계로 사용되었단다.

5년 뒤, 자격루보다 더 정교한 옥루가 완성되었어. 자격루와 혼천의의 기능을 합친 옥루는 시간은 물론 계절의 변화와 절기에 따라 해야 할 농사일까지 알려 주는 첨단 장치였어. 중국의 천문 기기와 당시 과학 선진국이던 아라비아의 물시계 등을 참고해 만든 세계 최고의 천문

일제 강점기 때 찍은 자격루 사진이야.
커다란 항아리와 작은 항아리가 보이고 기다란 물통도 확인할 수 있어.

아라비아: 아시아 남서부 페르시아 만, 인도양, 아덴 만, 홍해에 둘러싸여 있는 지역. 현재 사우디아라비아, 쿠웨이트, 바레인 등의 나라가 있다.

관측 기계라 할 수 있지.

세종은 장영실의 공을 높이 인정하여 종3품인 상호군 벼슬까지 내려. 관노 출신이 종3품까지 승진했다는 건 조선 시대에 상상조차 하기 힘든 대단한 일이야.

그런데 그로부터 4년 뒤, 그러니까 1442년에 큰일이 일어나고 말았어. 그 무렵 세종은 한글을 만들기 위해 애쓰고 있었어. 어려운 한자를 읽지 못하는 백성들을 위해 배우기 쉬운 우리만의 글자를 만들고 있었지. 그러느라 너무 무리를 해서 몸에 병이 생길 정도였어. 신하들은 온천에 가서 요양을 하길 권했지.

"새로 만든 가마를 대령하라."

세종은 장영실이 설계해 새로 만든 가마를 대령하라 일렀어. 그런데 그만 가마가 움직이기 시작한 지 얼마 안 돼 부서져 버리고 만 거야. 다행히 세종이 다치지는 않았지만, 임금의 몸에 위험이 될 만한 일은 절대 용서받을 수 없었어. 장영실은 곤장을 맞고 벼슬도 빼앗겼지. 그런 뒤 그가 어떻게 살았는지는 더 이상 역사에 전하지 않아. 조선 시대 최고의 과학자가 그렇게 어이없는 실수로 세상에서 멀어지다니 정말 안타까운 일이야.

뭐? 그 어려운 천문 관측 기구들도 만들었던 장영실이 가마를 만들다 실수를 했다는 게 잘 이해가 안 된다고? 엄마 생각도 그래. 혹시 말이야, 누군가 장영실을 시기한 사람이 일부러 그런 건 아닐까? 아니면 장영실의 기술로 조선의 과학이 지나치게 발달하고 있는 걸 염려한 명나라의 음모는 아닐까? 아, 참고로 세종은 그로부터 8년을 더 살다가 54세의 나이로 세상을 떠났단다.

　세종 대의 과학 발전은 과학 혁명이라고 불릴 만큼 엄청났는데, 이것은 세종의 과학 지식과 장영실의 기술이 만나서 이뤄낸 성과였어. 세종은 장영실을 만나 자신의 과학 정책을 마음껏 펼칠 수 있었고, 장영실은 세종을 만나 그의 위대한 손이 되었다고 할 수 있겠지. 재능 있는 신하를 알아본 훌륭한 왕과 그런 왕의 기대에 어긋나지 않게 멋진 성과를 보여준 최고의 과학자였지?

임금과 신하 세종과 장영실

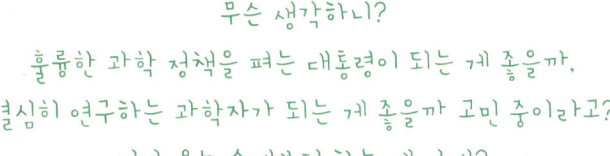

책 속의 작은 인물 사전

박지원

1737년에 박사유의 2남 2녀 가운데 막내로 태어나서 1805년 세상을 떠났어. 명문가였지만 아버지가 일찍 돌아가시고 집이 가난하여 어렸을 때에는 제대로 된 교육을 받지 못했어. 열여섯 살 되던 해 전주 이씨 가문에 장가를 들어 장인에게 가르침을 받기 시작했지. 늦게 시작한 글공부였지만 스무 살 무렵부터 글재주를 인정받기 시작했어.

하지만 과거에는 뜻을 두지 않고 이웃에 살던 유득공, 박제가, 이서구 등과 함께 신학문에 몰두하며 다른 나라의 앞선 문화를 받아들이고 상업과 무역으로 나라의 힘을 키우자는 주장을 펼쳤지. 《열하일기》로 유명해지자 당시 선비들에게 박지원의 파격적인 문장을 따라하는 게 큰 유행이 되기도 했어.

박종채

1780년 박지원의 둘째 아들로 태어나 1835년에 세상을 떠났어. 경산현령이라는 벼슬을 지냈고, 아버지인 박지원의 이야기들과 가르침을 기록한 《과정록》을 남겼지. 《과정록》은 박지원이 죽고 17년 뒤인 1822년부터 쓰기 시작해 1826년에 완성되었어. 이 책으로 사람들은 박지원에 대해 더 많이 연구할 수 있었어. 박종채의 아들인 박규수는 조선 후기에 개화사상을 주장한 유명한 학자야.

유희춘

1513년 유계린과 탐진 최씨 사이의 2남 3녀 가운데 둘째 아들로 태어나 1577년 세상을 떠났어.
1538년 과거에 급제해 벼슬길에 나아갔지만, 당시의 어지러운 정치 때문에 19년 동안이나 제주도, 함경도 등에서 힘든 유배 생활을 해야 했지. 그동안 많은 책을 읽고 글을 써서 학문이 깊어졌어.
1567년 선조 임금이 즉위하면서 유배가 풀리고 다시 관직에 나아가 대사성, 이조참판 등을 지냈는데, 왕위에 오르기 전 유희춘에게 글을 배웠던 선조는 자주 "내가 공부를 하게 된 데에는 유희춘의 공이 많다."며 칭찬했다고 해.

송덕봉

1521년 송준과 함안 이씨 사이의 막내딸로 태어나 1578년 세상을 떠났어. 학문에 힘쓰는 집안이었기에 송덕봉도 어려서부터 성리학과 역사를 공부했지. 열여섯 살에 유희춘과 결혼한 뒤 1남 1녀를 낳고 친구 같은 부부로 평생을 살았어.
틈틈이 시를 썼던 송덕봉은 여성들의 사회 활동이 어렵던 당시 상황 때문에 주로 남편하고만 시를 주고받았는데, 다행히 유희춘이 자신의 일기 속에 부인의 시를 남긴 덕분에 현재 30여 편의 시가 전하지. 송덕봉의 시는 정교하면서도 우아해서 조선 시대 중요한 문학 작품으로 뽑혀.

미암 유희춘의 사당

신사임당

신사임당은 1504년 신명화와 이씨 부인 사이에서 태어나 1551년에 세상을 떠났어. 본명은 신인선인데, 스스로 사임당이라는 호를 지었지. 중국 주나라 문왕의 어머니인 '태임'을 본받고 싶다는 의미라고 해. 태임은 아기를 위해 좋은 것만 보고 좋은 말만 하는 등 태교를 열심히 하여 훌륭한 임금 문왕을 길러낸 어머니야. 사임당 역시 훌륭한 어머니였어. 조선 시대 최고의 학자 가운데 한 명이었던 율곡 이이를 비롯해 일곱 아이를 길러 냈지.
뿐만 아니라 사임당은 훌륭한 예술가이기도 했어. 시도 잘 짓고 글씨도 잘 썼지만, 가장 재능이 뛰어났던 것은 그림이야. 풀벌레, 포도, 매화, 난초 등을 매우 섬세하고 아름답게 그렸지.

이율곡

36쪽

1536년 이원수와 신인선의 4남 3녀 가운데 셋째 아들로 태어나서 1584년에 세상을 떠났어.
세 살 때 글을 깨우치고 열세 살에 진사 초시에 합격했어. 모두 아홉 번이나 과거에서 장원을 차지한 조선 최고의 천재라 할 수 있지. 율곡은 대학자였을 뿐 아니라 아는 것을 백성들을 다스리는 데 적극적으로 실천하려고 노력한 정치가이기도 했어. 호조판서, 이조판서 등 중요한 직책을 두루 맡으며 임금을 도왔고, 백성들이 보다 편히 살 수 있는 방법들을 제안하기도 했지. 또 많은 제자들을 길러 그들이 조선 후기의 정치를 이끌어 가는 데 큰 영향을 주었어.

이문건

1494년 이윤탁의 아들로 태어나 1567년 세상을 떠났어.
조광조에게 학문을 배우고, 1513년 과거에 합격했는데, 스승이 정치 싸움에서 밀려 죽음을 당했지. 그때 다들 피해를 입을까 두려워하는 가운데 이문건의 형제가 스승의 장례에 참여했어. 그로 인해 반대파들의 미움을 받아 유배되었다가 몇 년 뒤 다시 관직에 오르지만, 1546년 다시 유배되어 21년 동안이나 그곳에서 살다가 죽었지.
유배 기간 동안 학문에 열중했을 뿐 아니라 늦게 얻은 귀한 손자의 육아에 힘쓰면서 그 기록을 《양아록》이라는 책으로 남겨 조선 시대 할아버지의 사랑이 어떤 것인지 지금의 우리들에게 알려 주고 있어.

이수봉

1551년 이온의 아들로 태어나 1594년 세상을 떠났어. 태어났을 때의 이름은 숙길. 그 뒤 준숙, 수봉으로 바꾸었다가 성인이 되어서는 원배라 했지. 아버지가 일찍 죽고 할아버지인 이문건의 보살핌 속에서 자랐는데, 어려서부터 장난이 심하고 몸도 약해 할아버지의 속을 많이 태웠어. 할아버지는 수봉이 자라 과거에 합격해서 집안을 일으켜 주기를 바랐지만, 과거에는 합격하지 못했지.
그러나 임진왜란이 일어나자 의병을 일으켜 왜적에 맞서 싸웠어. 전쟁이 끝난 뒤 나라에서는 그 공을 인정해 상을 내리려 했지만, 당연한 일을 했는데 상을 받을 수 없다고 하면서 거절해 사람들의 칭송을 받았지.

허난설헌

1563년 태어나 1589년 세상을 떠났어. 허봉의 누이동생이야.
본래 이름은 초희인데, 스스로 난설헌이라는 호를 붙였지. 일곱 살부터 시를 지어 여신동으로 불렸고, 오빠인 허봉, 동생인 허균보다 재주가 뛰어나다는 평가를 받았어.
열여섯 살 무렵 김성립과 결혼했는데, 결혼 생활은 행복하지 못했어.
현실 세계에서 불행했던 난설헌은 신선이 사는 세계를 꿈꾸며 그곳에 대한 시를 많이 지었지.
난설헌이 스물일곱이라는 젊은 나이에 죽자 사람들은 "하늘나라에서 귀양 온 선녀가 다시 하늘나라로 돌아갔다."라고들 했어.

허봉

1551년 태어나 1588년 세상을 떠났어. 일곱 살 때부터 글을 지을 줄 알았고 열 살에는 이미 역사와 성리학 공부가 깊었다고 해.
1572년 과거에 급제해 벼슬길에 나아갔고, 2년 뒤 명나라에 사신으로 가서는 중국의 여러 선비들과 만나 시를 주고받았는데 뛰어난 학자에게도 자신의 의견을 당당히 말해 모두가 그 재주에 감탄했어.
중국에서 돌아온 뒤 《하곡조천기》라는 기행문을 남기기도 했지.

허균

68쪽

1569년 태어나 1618년 세상을 떠났어. 허봉과 허난설헌의 동생이야.
최초의 한글 소설 《홍길동전》을 지은 것으로 알려져 있어.
다섯 살 때부터 글을 배우기 시작해 아홉 살 때 시를 지을 줄 알았지.
1597년 과거에서 장원을 하며 벼슬길에 나아갔는데 성리학이 전부이던 조선 사회에서 불교와 도교에 많은 관심을 보여 벼슬에서 쫓겨나기도 했어.
하지만 명나라 사신을 접대하는 벼슬을 맡아 뛰어난 글재주와 학식을 인정받았고, 또 이때 누나의 시를 중국에 소개해 난설헌의 이름이 중국에 알려지는 기회를 만들어 주기도 했지.

정약용

1762년 정재원과 해남 윤씨 사이의 4남 2녀 가운데 넷째 아들로 태어나 1836년 세상을 떠났어. 스물두 살이 되던 해 대궐에 들어가 정조의 총애를 받으며 성장했지. 암행어사가 되어 백성들의 형편을 살피기도 하고, 풍부한 과학 지식으로 한강의 배다리를 놓고 수원성을 설계하기도 했지만, 갑작스런 정조의 죽음 뒤 긴 귀양을 떠나야 했어.
귀양지에서 정약용은 학문에 몰두했어. 단순히 유교 경전을 읽고 해석하는 게 아니라 백성들이 더 잘 살 수 있는 실제적인 학문을 완성했지. 백여 권이 넘는 책으로 정리한 그의 사상을 '다산학'이라고 해.

정약전

1758년 둘째 아들로 태어나 1816년 세상을 떠났지. 어릴 때부터 재주가 있고 총명했지만 과거에 뜻을 두지는 않았어. 오히려 서양의 새로운 학문과 실학에 관심이 많았지. 그러다 좀 늦은 나이인 서른셋에 과거에 급제했으나 천주교가 박해를 받자 흑산도로 유배를 가서 끝내 풀려나지 못하고 그곳에서 죽었어. 흑산도에서 정약전은 그곳의 아이들을 가르치는 등 섬사람들과 어울리며 살았어. 그러면서 바다 생물 백과사전인 《자산어보》를 비롯해 몇 권의 책을 썼지.

이항복

1556년 이몽량의 아들로 태어나 1618년 세상을 떠났어.
아버지를 일찍 잃고 소년 시절에는 부랑배의 우두머리로 헛되이 세월을 보내다 어머니의 가르침으로 공부에 열중하기 시작했어. 스물다섯 살이 되던 해 과거에 급제해 벼슬길에 올랐는데, 이때부터 이덕형과 평생의 친구로 같은 길을 걸었지. 임진왜란 때에는 선조를 처음부터 끝까지 잘 모셔서 1등 공신에 이름을 올리기도 했지만, 광해군이 즉위해 정치가 어지러워지면서 관직을 빼앗기고 유배되었다가 그곳에서 죽었어.
오성대감이라는 이름으로 더 유명한 이항복은 우스갯소리 잘하고 장난기 많기로 둘째가라면 서러워할 인물이었지.

이덕형

98쪽

1561년 이민성의 아들로 태어나 1613년 세상을 떠났어. 스무 살이 되던 해 과거에 급제해 벼슬길에 나아갔지. 학문이 높았을 뿐 아니라 외교 능력이 뛰어나 임진왜란 중 명나라, 왜와의 외교를 담당해 동분서주 바쁘게 뛰어다녔어. 선조와 광해군이 나라를 다스리던 시기 병조판서, 이조판서, 우의정, 좌의정, 영의정 등 중요한 직책은 모두 맡으며 당시 국정을 이끌었지만, 반대파들이 선조의 아들인 영창대군을 죽이고 인목대비를 내쫓으려 하자 이에 반대하다가 관직을 빼앗기고 지방에 물러가 있던 중 병으로 죽었어. 오성대감의 친구로, 한음대감이라는 이름으로 더 유명하지.

정도전

1342년 정운경의 맏아들로 태어나 1398년 세상을 떠났지. 이색의 제자로 함께 성리학을 공부했어. 이후 공민왕을 도와 고려를 개혁할 세력으로 성장하는데, 공민왕의 개혁이 실패하면서 정치권에서 밀려나지. 10여 년에 걸친 유배, 유랑 생활 끝에 이성계를 찾아간 정도전은 새로운 나라 조선을 건국하는 데 큰 공을 세우고 조선 초기 막강한 권력을 손에 쥐게 돼. 강력한 재상으로 자신의 신념에 따라 조선을 다스리려던 정도전의 꿈은 강력한 왕권을 꿈꾸는 이성계의 셋째 아들인 이방원의 공격으로 깨지고, 조선의 세 번째 왕이 된 이방원은 정도전을 '왕실을 능멸한 간신'으로 낙인찍었지.

정몽주

112쪽

1337년 정운관의 아들로 태어나 1392년 세상을 떠났어. 어머니가 정몽주를 임신했을 때 난초 화분을 품에 안고 있다가 땅에 떨어뜨리는 꿈을 꾸었다고 해. 그래서 처음에는 이름을 몽란이라 했다가 나중에 몽룡으로 고치고, 어른이 된 뒤에 다시 몽주라고 고쳤지. 우리나라 성리학의 창시자라고 할 만큼 학문이 깊었고 외교적인 능력도 뛰어나서 명나라나 일본과의 외교 문제 해결에 뛰어난 능력을 보여 주었어. 정몽주는 고려를 개혁해야 한다는 데에는 찬성했지만 새로운 나라를 세우는 것에는 반대하다가 이방원에게 죽음을 당해. 사람들은 정몽주를 '고려의 마지막 충신'이라고 부르지.

이익

1681년 이하진의 아들로 태어나 1763년 세상을 떠났어.
숙종 임금 때의 정치적 혼란 속에서 아버지와 둘째 형을 잃고 평생을 고향에 머물며 세상일을 피했지. 열 살까지도 글을 배울 수 없을 만큼 몸이 약했지만 매우 총명했던 이익은 유학의 기본 서적들을 공부한 바탕 위에 천문, 지리와 서양 문물에도 관심을 기울였어.
이익은 "글을 읽고 성인의 도리를 말하면서, 나라를 다스리고 천하를 평정하는 방법에 대해서는 연구하지 않는다면, 그 학문은 개인에게는 물론 국가 전체로 보더라도 쓸모없는 것"이라며, 사회의 현실 문제에 실제 이익을 주는 학문이 참학문이라 주장했지. 이러한 실학사상은 정약용을 비롯한 후대 실학자들에게 많은 영향을 주었어.

안정복

126쪽

1712년 안극의 아들로 태어나 1791년 세상을 떠났지.
안정복의 가문은 양반이지만 당쟁에 희생되어 벼슬길이 끊긴 집안이었어. 안정복은 어려서부터 공부를 시작해 성리학뿐 아니라 역사, 천문, 지리 등 여러 방면의 학문을 두루 익혔지. 그러나 단 한 번도 과거에 응시하지는 않았어. 서른다섯 살 되던 해 이익을 처음 만나 그의 제자가 되었고, 이익의 다른 제자들과도 학문적으로 교류하며 많은 책들을 남겼는데, 그 가운데서도 단군 조선에서부터 고려 말에 이르는 역사를 기록한 《동사강목》이라는 책이 가장 유명해.

세종

1397년 태종과 원경 왕후 사이에서 태어나 1450년 세상을 떠났어.
본래 이름은 이도라고 해. 태종의 셋째 아들이었으나 태종은 말썽 많은 큰아들 양녕 대군 대신 세종을 왕위에 앉혔지.
웬만한 책들은 거의 백 번씩 읽었다는 세종은 어릴 때부터 지독한 공부벌레였어. 세종은 이렇게 얻은 지식을 바탕으로 각종 제도를 만들며 조선 왕조의 기반을 잡아나갔고, 조선의 문화와 과학 기술을 한층 발전시켰지. 물론 잘 알고 있듯이 한글을 창제한 것도 세종 임금 때란다.

장영실

노비의 신분이었기 때문에 정확히 언제 태어났고 언제 죽었는지 전하지 않아. 동래현의 관노로 있다가 뛰어난 재주를 인정받아 궁에 들어갔고 궁에서도 그 재주를 인정받지. 세종 초기 장영실의 천문학 지식은 당대 최고 수준이었어. 세종의 전폭적인 지원 속에 혼천의, 자격루, 간의, 옥루 등 천문기기를 만들었는데, 세계 어디에 내놓아도 빠지지 않는 기술이었지. 노비 출신으로는 파격적으로 승진을 거듭했지만, 그가 만든 왕의 가마가 부서지는 바람에 옥에 갇혔다가 궁에서 쫓겨났어.

142쪽

사진 자료 제공

강성철 오죽헌 안채 39 | 다산 초당 95

강진신문 흑산도 사리마을 앞바다 95

고려대학교박물관 정약용 〈매화병제도〉 96

국립민속박물관 〈백자도〉 중 물고기 잡는 아이들 59

국립중앙박물관 [중박200908-379] 신사임당 〈초충도〉 43
　　　　　　　　〈평생도〉 중 초도호연 56
　　　　　　　　풍속화 중 〈벼타작〉 130
　　　　　　　　자격루 152
　　　　　　　　[중박200909-437] 《홍길동전》 74
　　　　　　　　〈항해조천도〉 109
　　　　　　　　한글 금속활자 큰자와 작은자 147
　　　　　　　　을해자병용 한글 활자 뒷면 147

다산기념관 정약용 초상화 161

서울대학교박물관 박지원 서간 11 | 이이의 시 45 | 〈이항복〉 162

홍영의 《해동명적》 115 | 선죽교 123

도서출판 책과함께는 이 책에 실은 모든 도판과 자료의 출처와 저작권자를 찾아 허락을 받기 위해 최선을 다했습니다. 허가를 받지 못한 일부 도판은 저작권자가 확인되는 대로 사용 허가를 받고 통상의 사용료를 지불하겠습니다.

한국사 속 두 사람 이야기
고추장 담그는 아버지

1판 1쇄 2009년 10월 9일
1판 9쇄 2018년 6월 15일

글 | 윤희진
그림 | 이강훈

펴낸이 | 류종필
편집 | 장이린
마케팅 | 김연일, 김유리
디자인 | 조희정

펴낸곳 | (주)도서출판 책과함께
주소 | 서울시 마포구 동교로 70 소와소빌딩 2층
전화 | 02-335-1982 팩스 | 02-335-1316
전자우편 | prpub@hanmail.net
블로그 | blog.naver.com/prpub
등록 | 2003년 4월 3일 제25100-2003-392호

이 책의 저작권은 지은이 윤희진과 (주)도서출판 책과함께에 있습니다.
이 책의 내용을 이용하려면 저작권자와 출판사에게 모두 서면동의를 받아야 합니다.
잘못된 책은 구입하신 서점에서 바꾸어 드립니다.

이 도서의 국립중앙도서관 출판시 도서목록(CIP)은 서지정보유통지원시스템 홈페이지(http://seoji.go.kr)와 국가
자료공동목록시스템(http://www.nl.go.kr/kolisnet)에서 이용하실 수 있습니다.(CIP제어번호: CIP 2009002866)

ISBN 978-89-91221-52-9 73900